KB055187

26

Abnormal Psychology

분열성 성격장애와 분열형 성격장애

조성호 지음

_ 사회 속의 외딴 섬

학지사

'이상심리학 시리즈'를 내며

21세기를 살아가는 우리는 급격한 변화와 치열한 경쟁으로 이루어진 현대사회에 적응해야 하는 커다란 심리적 부담을 안고 있다. 이러한 현실 속에서 현대인은 여러 가지 심리적 문제와 장애에 직면하게 될 가능성이 높다.

정신건강에 대한 사회적 관심이 증대되면서, 이상심리나 정신장애에 대해서 좀 더 정확하고 체계적인 지식을 접하고자 하는 사람들이 늘어나고 있다. 그러나 막상 전문서적을 접하게 되면, 난해한 용어와 복잡한 체계로 인해 쉽게 이해하기 어려운 것이 현실이다.

이번에 기획한 '이상심리학 시리즈'는 그동안 소수의 전문가에 의해 독점되다시피 한 이상심리학에 대한 지식을 일반 독자들에게 소개하기 위한 것이다. 이를 위해서 다양한 정신장애에 대한 최신의 연구 내용을 가능한 한 쉽게 풀어서 소개하려고 노력하였다.

'이상심리학 시리즈'는 서울대학교 심리학과 임상·상담 심리학 교실의 구성원이 주축이 되어 지난 2년간 기울인 노력의 결실이다. 그동안 까다로운 편집 지침에 따라 집필에 전념해준 집필자 모두에게 감사드린다. 아울러 어려운 출판 여건에도 불구하고 출간을 지원해주신 학지사 김진환 사장님과 한 권 한 권마다 좋은 책이 될 수 있도록 성심성의껏 편집을 해주신 편집부 여러분에게 고마움을 표한다.

인간의 마음은 오묘하여 때로는 "아는 게 병"이 될 수 있다. 그러나 이러한 우려보다는 "아는 게 힘"이 되어 보다 성숙하고 자유로운 삶을 이루어나갈 수 있는 독자 여러분의 지혜로움을 믿으면서, '이상심리학 시리즈'를 세상에 내놓는다.

2000년 4월
서울대학교 심리학과 교수
원호택, 권석만

2판 머리말

　다른 사람들에게서 유리되어 있는 삶은 고통스럽다. 사람들이 친구를 사귀거나 모임에 나가는 등의 활동을 하는 것은 모두 고독과 고립에서 벗어나려는 처절한 몸부림이라고 할 수 있다. 하지만 이 책에서 소개할 2가지 부류의 사람들은 우리가 일상생활에서 흔히 접할 수 있는 보통 사람들과는 매우 다른 모습을 지니고 살아간다.

　분열성 성격장애를 지닌 사람들은 다른 사람들과 단절된 삶 속에서 더 큰 안전감을 느끼며, 사회적 고립에서 벗어나기 위해 안간힘을 쓰기보다는 오히려 단절된 삶을 추구하는 경향이 있다. 반면에, 분열형 성격장애를 지닌 사람들은 생각과 행동상의 특이성 및 기괴함 때문에 다른 사람들에게 기피와 외면을 당함으로써 혼자만의 세계에 침잠해 들어갈 수밖에 없다. 이 2가지 부류는 사회로부터 철저히 고립되어 있다는 점에서 '사회 속의 외딴 섬'이라는 공통점을 지닌다.

불행하게도 이 특별한 부류의 사람들에 대한 심리학적 이해는 매우 미진한 상태에 머물러 있다. 전문적인 치료 장면에서 이들을 접하기가 매우 드물다는 점이 그 이유 중 하나다. 하지만 이 2가지 특별한 부류의 사람들에 대한 이해는 꾸준히 이어지고 있다. 독자는 이 책에서 소개하는 내용을 읽고, 혹시 자신의 주위에 있을지 모르는 '사회 속의 외딴 섬'에 대한 이해를 다소나마 늘려 나갈 수 있을 것이다. 그것이 바로 이 책의 집필 목적이기도 하다.

저자는 향후 분열성 및 분열형 성격장애에 대한 새로운 이해와 발견이 꾸준히 이어져 나감에 따라 이 책의 내용을 계속 수정하고 보완해나갈 것이다. 독자가 이 책을 통해 인간관계에서 유리된 이들의 심정과 내면을 보다 잘 이해할 수 있게 되기를 바란다.

2016년
조성호

차 례

1 분열성 성격장애 — 23

1. 사례로 보는 분열성 성격장애 _ 25

2. 분열성 성격장애의 진단 _ 35

3. 분열성 성격장애의 유형 _ 51

들어가며

　이 책에서는 주로 분열성 성격장애schizoid personality disorder와 분열형 성격장애schizotypal personality disorder를 다룰 것이다. 이 2가지 성격장애는 넓게 보면 각기 여러 가지 성격장애 중 하나에 해당한다. 따라서 성격과 성격장애란 무엇인지, 성격장애가 신경증이나 정신증과 같은 다른 심리적 장애에 비해 어떤 특징을 지니고 있는지, 그리고 성격장애는 어떻게 분류할 수 있는지를 먼저 살펴보는 것이 분열성 성격장애와 분열형 성격장애를 이해하는 데 도움이 될 것이다.

　성격이란 생각하고, 느끼고, 행동하고, 주변 사람들과 관계를 맺으면서 주어진 환경에 대처해나가는 일관적이고 지속적인 패턴을 말한다. 즉, 사람들이 지니는 비교적 지속적이고 중요한 심리적 특징을 통칭할 때 성격이라는 말을 쓴다. 우리는 흔히 한 개인과 다른 개인이 차이를 지니는 주된 이유로 각 개인의 성격이 다르다는 점을 든다. 어떤 사람은 쌀쌀맞아서 만나고 싶지 않은 반면에, 어떤 사람은 따뜻해서 더 자주 만나고 싶어지는 이유가 바로 그들이 가진 성격이 다르기 때문이다.

성격을 이해하는 데 있어서 우선시해야 하는 것은 첫째, 독특성이다. 이는 각자의 지문이 다르듯이 성격 또한 사람마다 다르다는 것을 의미한다. 따라서 사람들이 타인과 다른 개성을 발휘할 수 있는 주된 근거는 각자가 가지고 있는 성격이 다르기 때문인 것으로 이해할 수 있다.

둘째, 안정성과 일관성이다. 이는 시간이 흐르거나 상황이 변해도 사람들이 가진 성격 특성은 크게 달라지지 않는다는 것을 나타낸다. 예를 들어, 10년 만에 만난 대학 동창이 여전히 예전처럼 세상에 대해 비관적인 생각을 가지고 있는 것처럼 느낀다면 그것은 그가 가진 성격이 시간이 많이 흘렀는데도 변하지 않았음을 나타낸다. 그렇다고 해서 성격이 언제 어디서나 항상 똑같은 모습을 유지한다는 것은 아니다. 다만, 시간이 흘러도 변하지 않는 안정성과 상황이 달라져도 변하지 않는 일관성이 어느 정도는 유지된다는 말이다.

성격의 세 번째 특징은 내용이다. 예를 들어, 어떤 사람은 사교적인 반면, 어떤 사람은 수줍음을 많이 타고, 어떤 사람은 적극적인 반면, 어떤 사람은 소극적이며, 또 어떤 사람은 외향적인 데 반해 어떤 사람은 내향적이다. 이렇듯 각 개인이 서로 다른 이유는 그들이 각자 가지고 있는 성격의 내용이 다르기 때문이다. 이러한 성격 내용을 심리학자들은 성격 특질이라고 부른다.

넷째, 성격의 구조적 측면이다. 성격의 내용은 그것을 담고 있는 구조를 전제로 한다. 같은 성격 내용이라 하더라도 그것이 어떤 구조예: 경직된 vs. 융통성 있는, 단순한 vs. 복잡한에 담겨 있는지에 따라 그 결과는 판이하게 달라진다. 예를 들어, 개인이 자기 자신이나 다른 사람의 행동을 해석하는 것에는 단순함과 복잡함이 있을 수 있는데, 복잡한 성격 구조를 가진 개인은 단순한 성격 구조를 가진 개인보다 다른 사람의 행동을 지각하고 예측하는 데 있어서 효율성이 더 높을 수 있다.

성격장애란 무엇인가

앞서 성격이란 비교적 오랫동안 지속되는 행동 경향이나 특질을 가리킨다고 언급하였다. 그런데 이렇게 오래 지속되는 행동 경향이나 특질이 융통성이 없고 미숙하며, 이것 때문에 사회생활 혹은 직업 활동에서 자기 능력을 발휘하지 못하거나 적응하지 못할 경우 이를 성격장애라고 부른다. 즉, 개인의 고유한 성격 특질이 그 자신이 속한 사회문화적 기대에서 심하게 벗어나 있고, 이 특질이 경직되어 있어서 아무 상황에서나 반복적으로 나타나며, 이것 때문에 사회적으로나 직업적으로 심각한 기능장애를 야기하는 경우 혹은 주관적인 고통을 유발하는 경우를 성격장애라고 할 수 있다(원호택, 2006).

우리는 일상생활에서 여러 사람을 만나게 되는데, 그중에는 흔히 '성격이 좋다'고 평가받는 사람들도 있을 것이고, 반대로 '성격이 형편없다'고 평가받는 사람들도 있을 것이다. 그러나 형편없는 성격이 성격장애와 똑같은 의미를 지니는 것은 아님을 유의해야 한다. 일반적으로 어떤 사람이 지니는 성격상의 특징이 『정신장애의 진단 및 통계 편람 제5판DSM-5』(APA, 2013)에 제시된 진단기준에 들어맞을 때 그 사람에게 성격장애라고 진단을 내린다.

성격장애의 주요 특징

우울이나 불안 같은 정서장애와 성격장애 간에는 한 가지 중요한 차이가 있다. 이 두 장애는 자신에게 심리적 문제가 있다는 것에 대해 어떤 인식을 가지고 있는가, 즉 자신에게 나타나는 심리적 문제를 얼마나 인식하고 있는가에 따라 확연히

> **성격장애의 진단기준** (DSM-5; APA, 2013)

A. 한 개인이 속한 문화에서 기대되는 것으로부터 현저히 벗어나는 내적 경험 및 행동상의 지속적 패턴이 다음의 2가지 (혹은 그 이상의) 영역에서 나타나는 경우
  (1) 인지(즉, 자기, 타인 및 사건을 지각하고 해석하는 방식)
  (2) 정서성(즉, 정서 반응의 범위, 강도, 유연성 및 적절성)
  (3) 대인관계 기능성
  (4) 충동 통제
B. 이러한 지속적 패턴이 융통성이 없고 광범위한 개인적 및 사회적 상황에서 만연해 있는 경우
C. 이러한 지속적 패턴이 사회적·직업적 혹은 기타 중요한 기능 영역에서 임상적으로 의미 있는 고통이나 손상을 초래하는 경우
D. 이러한 패턴이 안정적이고 오랫동안 지속된 것이며, 최초 발현이 적어도 청소년기 혹은 성인기 초기까지 거슬러 올라가는 경우
E. 이러한 지속적 패턴이 다른 정신장애의 현시 혹은 결과로 더 잘 설명되지 않는 경우
F. 이러한 지속적 패턴이 물질(예: 남용 약물 혹은 처방 약물) 혹은 다른 의학적 상태(예: 두부 손상)의 생리적 효과로 설명될 수 없는 경우

구분할 수 있다. 예를 들어, 우울감에 시달리는 사람은 자신이 무기력하고 희망이 없으며, 아무런 의욕도 없다는 점을 인식

하고 있다. 즉, 자신이 경험하는 우울의 여러 증상을 스스로 자각하고 인정한다는 것이다. 하지만 성격장애의 경우는 그렇지 않다.

성격장애를 지닌 사람치고 정말 자신의 성격이 잘못되었다고 믿는 사람은 극히 일부에 지나지 않는다. 대부분의 성격장애 환자는 자신의 성격에는 아무런 잘못이 없으며, 잘못이 있는 것은 다른 사람이나 상황이라고 생각한다. 성격장애를 가지고 있는 사람도 심리적 문제를 경험할 수 있으며, 경우에 따라서는 전문가의 도움을 구하기도 한다. 그러나 이런 경우에도 전문가의 도움을 통해 해결하고자 하는 것은 자신의 성격이 아니라 성격장애가 초래하는 이차적 결과물, 예를 들면 부부 간의 불화라든지 주위 사람들과의 마찰로 인한 스트레스, 업무 수행의 비효율성에서 오는 스트레스 등인 경우가 대부분이다. 이들은 자신의 성격 자체에 심각한 특정 문제가 있다는 것을 인정하려 들지 않는 것이다.

성격장애의 또 다른 주요 특징으로 장애의 지속성을 들 수 있다. 성격장애는 짧은 기간에 경험되었다가 사라지는 것이 아니다. 어릴 때부터 형성해 온 성격 특질은 사춘기나 적어도 성인기 초기에는 고착된 특질로 굳어지며, 이렇게 고착된 성격 특질은 이후의 삶의 과정에 지속적으로 영향을 미치게 된다. 따라서 한번 형성된 장애적인 성격은 여간해서는 변치 않는 지속성과 안정성을 지니게 된다.

성격장애의 진단기준과 관련하여 가장 최근인 2013년에 개정된 DSM-5와 그 이전인 1994년에 출판된 DSM-IV 간에는 차이가 거의 없다. 즉, 성격장애 전반에 대한 진단기준, 각 개별 성격장애의 진단기준 그리고 성격장애의 유형 분류 방식 등에 있어서 새로운 기준이 추가되거나 기존의 기준이 삭제 혹은 수정된 경우가 거의 없다는 것이다. 이는 성격장애를 바라보는 임상적 혹은 학술적 시각에 있어서 최소한 현재까지는 큰 변동이 없음을 반영하는 것으로 보인다. 다만, DSM-5에서는 성격장애의 진단기준을 제시한 Section II에 이어서 Section III에 별도로 성격장애 진단 및 개념화와 관련된 연구 모형을 제안하고 있는데, 이는 장차 성격장애의 진단기준에 변화가 있을 수도 있음을 시사하는 것이어서 주목할 만하다.

성격장애의 유형과 분류

미국정신의학회가 2013년에 편찬한 정신장애의 진단 및 통계 편람인 DSM-5(APA, 2013)에서는 성격장애를 임상적 증상의 유사성에 따라 다음과 같이 군집 A, 군집 B, 군집 C의 3가지 유형으로 분류한다. 하지만 이러한 3가지 군집의 성격장애들 간에 전혀 중첩이 없는 것은 아니다. 예를 들어, 군집

A의 5.7%, 군집 B의 1.5% 그리고 군집 C의 6.0% 정도가 다른 군집의 성격장애와 중첩되는 것으로 알려져 있으며, 좀 더 구체적으로는 개별 성격장애의 9.1% 정도는 다른 성격장애 진단도 동시에 받는 것으로 보고되고 있다. 성격장애 전반의 유병률과 관련해서는 미국 성인의 경우 약 15% 정도가 적어도 한 가지 이상의 성격장애 진단기준에 부합하는 증상을 나타내는 것으로 알려져 있다.

군집 A 성격장애

군집 A 성격장애는 이상하고 특이하며 상궤를 벗어난 기이한 증상 혹은 행동 패턴이 핵심 특징인 여러 가지 성격장애로 구성된다. 여기에는 분열성 성격장애, 분열형 성격장애, 편집성 성격장애 등이 포함된다.

분열성 성격장애를 지닌 사람은 사회적으로 무관심하고, 다른 사람과 관계를 맺지 않고 혼자 지내는 것이 특징이다. 흔히 '은둔자'로 불리기도 하는 이들은 혼자 일하기를 선호하고 타인에게 무관심하며, 칭찬이나 비판 또는 다른 사람이 표현한 감정 등에 무감각하거나 반응하지 않는다. 이들은 기쁨이나 고통을 거의 경험하지 않는 것처럼 보이며, 때로는 부자연스럽고 위축된 것처럼 보인다. 분열성 성격장애의 특징을 한 마디로 표현하자면 고립이라고 할 수 있다. 분열성 성격장애

의 구체적인 특징은 이 책의 다음 부분에서 자세히 다루기로
한다.

분열형 성격장애를 지닌 사람은 기이한 사고 혹은 행동을
보여 사람들에게 흔히 괴짜나 기인으로 불리는 경우가 많다.
이들은 자기 자신이 천리안 혹은 텔레파시를 가지고 있다고
믿거나 비현실적인 감각을 경험하거나, 다른 사람들이 자신
에 대해 말하고 있다고 믿는 등의 심각한 증상을 나타낸다. 분
열형 성격장애의 구체적인 특징 역시 이 책의 후반부에서 자
세히 다룰 것이다.

편집성 성격장애를 지닌 사람은 다른 사람들의 행동을 위
협적이거나 비판적인 것으로 잘못 해석하는 경향이 강하고,
자신이 타인에게 이용당할 것이라는 생각이 만연해 있는 것
이 주된 특징이다. 따라서 끊임없이 사람들을 의심하기 때
문에 주위 사람들과 원만한 관계를 유지하기가 힘들다.

군집 B 성격장애

군집 B 성격장애는 극적이고 감정적이며 변덕스러운 증상
이나 행동 패턴이 핵심 특징이다. 여기에는 연극성 성격장애,
자기애성 성격장애, 경계선 성격장애 등이 포함된다.

연극성 성격장애를 지닌 사람은 마치 연극배우가 연기를
하는 것과 같은 극적인 행동을 보이며, 주위의 관심을 끌려고

하는 특징을 보인다. 이들은 감정이 쉽게 변하고, 과장된 정서 표현을 자주 하며, 다른 사람을 조종하려는 경향이 두드러진다. 또한 허영심이 강하고 솔직하지 못하며, 신중하지 않아서 진실한 인간관계를 맺어나가는 데 어려움이 있다.

자기애성 성격장애를 지닌 사람은 자신의 중요성에 대해 지나치게 과대한 생각을 유지한다. 따라서 이들은 늘 다른 사람들에게 찬사와 인정, 존중을 받고 싶어 한다. 또한 지나치게 자기중심적이어서 다른 사람들을 이용하거나 착취하는 것을 당연시한다. 이들은 자존심이 손상되면 쉽사리 우울 혹은 공허감을 느끼거나 반대로 극단적인 분노를 표출하고, 공상 혹은 환상을 통해 현실적인 어려움에 대처하면서 보상하려는 경향을 강하게 보인다.

군집 C 성격장애

군집 C 성격장애의 핵심 특징은 불안과 걱정, 두려움 등이다. 여기에는 회피성 성격장애, 의존성 성격장애, 강박성 성격장애 등이 포함된다.

회피성 성격장애를 지닌 사람은 다른 사람들과 친밀한 관계를 맺기를 원하면서도 거부당하거나 비난받을지 모른다는 불안 혹은 두려움 때문에 인간관계를 맺는 것을 회피하는 것이 주된 특징이다.

의존성 성격장애를 지닌 사람은 자기비하나 열등감을 자
주 느끼며, 자신감과 자율성, 독립심이 부족하여 다른 사람
에게 지나치게 의존하려는 것이 특징이다. 이들은 스스로
결정을 내리거나 책임을 져야 마땅한 상황에서도 다른 사람
에게 의지하려 한다. 또한 자신의 욕구나 감정을 억누르고
상대방과의 관계를 해칠 가능성이 있는 행동을 자제함으로

◆ 성격장애의 핵심 인지 내용과 과잉발달 및 미발달된 측면

성격장애	핵심 인지	과잉발달	미발달
의존성	나는 무력하다.	도움 추구, 매달림	자율성
회피성	나는 상처받기 쉽다.	사회적 취약성, 회피, 억제	자기주장, 사교성
편집성	다른 사람들은 모두 적이다.	경계심, 불신, 의심	신뢰, 수용
자기애성	나는 특별한 존재다.	자기과장, 경쟁심	상호협력, 집단활동
연극성	나는 다른 사람들을 감동시켜야 한다.	노출, 과다한 표현	숙고, 통제, 체계화
강박성	실수를 범해서는 안 된다.	통제, 책임감, 체계화	자발성, 유희
반사회성	사람들은 다 착취의 대상이다.	호전성, 착취	공감, 상호성
분열성	나에겐 충분한 공간이 필요하다.	자율성, 고립	친밀성, 상호성

출처: Beck & Freeman (1990)에서 인용.

써 다른 사람들을 자기 곁에 계속 붙잡아두려 한다.

강박성 성격장애를 지닌 사람은 질서, 규칙, 통제 등을 추구하는 완벽주의적인 특징을 보인다. 이들은 사소한 것에 과도하게 집착하고 융통성이 부족하며, 인간관계에서도 딱딱하고 지나치게 신중해하면서 진지한 모습을 보인다. 따라서 다른 사람과 쉽게 친해지거나 어울리지 못하고, 인간관계보다는 일과 생산성에 집착하는 경향이 있다.

앞의 표에서 볼 수 있는 것과 같이 각각의 성격장애에는 저마다 핵심이 되는 신념이나 태도가 있으며, 과잉발달된 측면과 미발달된 측면이 혼재해있다. ◆

분열성
성격장애

1. 사례로 보는 분열성 성격장애

　분열성 성격장애schizoid personality disorder를 가진 사람들은 친구가 없는 것처럼 보인다. 그들은 다른 사람들과의 대화나 세상의 사는 이야기에 참여하는 것에 흥미가 없으며 그것에 능숙하지도 않다. 그들은 누가 우스갯소리를 해도 웃기가 어렵고, 다른 사람에게 말해줄 수 있는 우스갯소리거리 또한 가지고 있지 않다. 그들은 칭찬을 해주어도 별다른 반응을 보이지 않고, 그들이 입고 있는 옷이나 운전하는 차를 비난해도 그것에 대단한 반응을 보이지 않는다.

　그들은 단순히 생존하는 것 외에는 그다지 많은 활동에 참여하는 것으로 보이지도 않는다. 그들은 아예 결혼을 하지 않거나, 하더라도 그건 매우 드문 일이다. 그들에겐 열정을 가질 만한 그 무엇도, 아무 생각도 믿음도 없다.

A가 하는 유일한 사회적 활동은 주말에 공원에 가서 산책을 하고, 돌아오는 길에 동네 시장에 들러 일주일치 음식이나 필요한 자질구레한 것을 사는 일이다. 이것은 A가 약 15년 동안 해온 것이다. 현재 A가 소유하고 있는 대부분의 물건은 산책이 끝난 후 시장에서 산 것이다.

A가 소유한 것들의 수는 아마도 그와 비슷한 소득계층의 다른 사람들의 것과 비교해 보면 꽤 빈약할 것이다. A의 생활방식은 검소하다. 그가 소유한 것부터 세든 아파트까지 모든 것이 기본적으로 싸다. 이것은 부분적으로는 만일의 경우를 대비해서 은행에 돈을 저축하고 있기 때문이기도 하지만, 더 중요한 이유는 그에게는 더 좋고 더 비싼 것을 갖고 싶은 욕망이 없기 때문이다.

어느 날 여느 때처럼 주말에 산책을 끝낸 후 시장의 가게에 들렀을 때 그에게 어떤 사건이 발생했다. 물론 그는 항상 혼자 시장에 갔고 꼭 필요한 말 외에는 그 누구에게도 먼저 말을 건네는 일이 없었다. 그런데 가게 주인이 그에게 말을 걸려고 시도한 것이다. A는 처음에는 무성의하게 대답하는 것으로 그쳤다. 그러나 다음번에 그 가게에 들렀을 때 가게 주인은 또 말을 걸어왔다. 만일 그가 사려는 물건이 다른 가게에도 있었더라면 그는 당장에라도 다른 가게로 갔을 것이다. 그러나 그렇지 않았기 때문에 A는 마지못해 몇 마디 웅

하는 것으로 그 상황을 모면할 수밖에 없었다. A가 그 가게
에 들를 때마다 가게 주인은 말을 건네왔고, A에게는 아무
런 의미도 없는 말을 늘어놓곤 했다.

물론 그 가게 주인이 수상하다거나 혐오감이 드는 것은
아니었다. 그는 세상살이에 대해 많은 지식을 가지고 있는
평범하고 다정한 이웃들 가운데 한 사람일 뿐이었다. 그러
나 A의 마음속에서 가게 주인의 행동은 아무런 의미도 없었
다. A는 애초부터 그 사람이나 그 사람 이외의 다른 어떤
사람과도 잡담하는 것에 관심이 없었다. 마침내 몇 개월 후
A는 가게 주인에게 자신은 혼자 있기를 원하며, 더 이상 아
무것도 묻지 말아달라고 말했다. 그 후로 가게 주인은 A에
게 아무 말도 하지 않았다….

대개 사람들은 대화에 참여하기를 좋아한다. 사실 어찌 보
면 대화를 하고자 하는 것은 특별한 욕구라기보다는 소외되지
않으려는 욕구의 표현일 수 있다. 다른 사람들과 함께함으로
써 소외당하지 않으려는 욕구는 진화를 통해 사람들에게 이미
생물학적으로 프로그램화되어 있는 것이고, 그로써 사람들은
사회적인 삶을 영위해 나갈 수 있는 것이다.

다른 사람을 필요로 하고 다른 사람과 함께 있는 것에서 즐
거움과 위안을 얻는다는 것은 너무나도 당연하고 자연스러운

일이다. 하지만 앞서 묘사한 A와 같은 분열성 성격장애를 지닌 사람들로서는 짬이 날 때마다 서로 대화를 나누려는 사람들이 전혀 이해가 가지 않는다. 이들은 사회적 동물이 아니며, 다른 사람과 함께 있음으로써 어떠한 즐거움도 경험할 수 없기 때문에 다른 사람과 대화를 나눈다거나 함께 무언가를 하는 것은 생각조차 하지 않는다. 이들은 다른 사람들에게 정서적 애착을 가지고 있지 않으며, 따라서 다른 사람들과 함께할 필요를 느끼지 못한다.

사람들은 스스로에게 즐거움을 주는 행동을 하는 경향이 있다. 그리고 사람들에게 즐거움을 주는 것들은 진화에 의해 이미 그들의 마음속에 어느 정도 프로그램화되어 있다. 이러한 것을 흔히 욕구라고 부른다. 여기에는 성적 욕구, 다른 사람과 함께 있기를 원하는 교제 욕구, 여행이나 새로운 것을 배우는 것과 같은 새로운 경험에 대한 자극 추구 욕구 등이 있다. 이러한 욕구는 기본적으로 사람들에게 즐거움을 주는 것이며, 사람들은 이러한 욕구를 충족하고자 하는 경향을 지닌다. 이러한 모든 욕구가 진화에 의해 계획된 것이라면, 이것들은 사람들의 심리적 삶과 생존에 도움이 되는 욕구다.

그러나 분열성 성격장애를 지닌 사람들은 그러한 진화의 프로그램을 잘 따르지 않는 경향이 있다. 그들의 교제 욕구, 자극 추구 욕구 그리고 성적 욕구는 매우 빈약하다. 이러한 욕구들은 정상적인 보통 사람에게는 즐거움과 쾌락을 보장하는 것이지만, 분열성 성격장애를 지닌 사람들에게는 그렇지 않다.

인생에 의미를 부여하는 것은 무엇인가? 어떤 사람들은 봉사나 인도주의적 행동을 하는 것에서 의미를 발견한다. 어떤 사람들은 예술작품을 창조하거나 인류를 도울 수 있는 발명품을 설계하는 데서 의미를 발견한다. 또 어떤 사람들은 깊은 우정에서 의미를 발견하는가 하면 어떤 사람들은 낭만적인 애정관계에서 그것을 발견한다. 종교에서, 삶 안에서, 지식 탐구에서, 혹은 단순히 자라나는 자녀들에게서 그것을 발견하기도 한다.

하지만 분열성 성격장애를 지닌 사람들은 그 어떠한 일상적인 생활에서도 삶의 의미를 발견하지 못한다. 그것은 이들이 인생과 존재에 대해 낙담했다든가 염세적이라든가, 비관해서가 아니다. 그것은 오로지 이들이 그것에 관심이 없기 때문이다. 무관심과 고립, 그것이 바로 분열성 성격장애다.

인간은 누구나 작고 외로운 섬이다. 그래서 인간은 고독하고 외롭다. 실존심리학자인 메이(May, 1953)는 현대인은 거대한 사회구조의 노예가 되어 인간상실과 자아상실의 이중고 속에서 고독 및 공허감으로 고통받고 있다고 말한다. 이러한 고독 및 외로움은 현대인이 겪고 있는 가장 대표적인 실존적 문제들 중 하나다.

고독은 곧 고통이다. 즉, 고독한 삶은 불행하고 고통스러운 삶을 의미한다. 인간이 죽음 다음으로 두려워하는 것은 다름 아닌 바로 고독이다. 우리 주위에서 흔히 마주칠 수 있는 대부분의 사람은 이러한 고독과 외로움에서 벗어나기 위해 안간힘을 쓴다. 간혹 주말을 혼자 보내야 하거나 주위에 따뜻한 눈길 혹은 마음을 나눌 사람이 없을 때 사람들은 고독과 외로움에 휩싸이며, 그것은 그들에게 매우 힘들고 고통스러운 경험이 된다. 친구를 사귀고 모임에 나가고 하는 것은 모두 고독에서 벗어나려는 사람들의 처절한 몸부림이라고 볼 수 있다.

상식적으로 볼 때 혼자라는 것, 즉 다른 사람들과 유리되어 있다는 것은 매우 고통스러운 경험으로서, 사람들은 가능하면 이러한 상태에서 벗어나고자 한다. 하지만 분열성 성격장애로 불리는 심리적 문제를 가지고 있는 사람들의 경우에는 사정이 크게 다르다. 이들은 다른 사람들과 단절된 삶 속에서 오히려 더 큰 안전감을 느끼기 때문에 사회적 고립에서 벗어나기 위해 안간힘을 쓰기보다는 오히려 단절된 삶을 추구한다. 따라서 이러한 특별한 사람들에게 있어서 인간관계는 자신을 고독으로부터 해방시켜줄 수 있는 '존재의 묘약'이 아니라 자신을 불편과 고통 속으로 몰아넣는 '존재의 비수' 다. 이런 특별한 사람들이 어떤 사람인지 보다 잘 이해하기 위해 몇 가지 사례를 더 살펴보자.

　　R은 대도시의 수자원 운용을 계획하고 관리하는 일을 하는 엔지니어다. 그가 맡고 있는 일은 앞일을 정확히 예측해야 하는 상당한 예견력과 정확한 판단력을 필요로 한다. 하지만 상사에게 업무 감독을 받거나 부하직원을 관리해야 하는 일과는 거리가 멀다.

　　전반적으로 그는 능력 있고 신뢰할 수 있는 직원이라는 평을 듣는 편이었지만, 별로 눈에 띄는 사람은 아니었다. R이 수행하는 업무는 사람들을 접하는 것과는 거리가 멀었다. 어떤 동료들은 그를 별로 말이 없고 수줍음을 잘 타는 사람으로, 또 어떤 동료들은 그를 냉담하고 가까이하기 어려운 사람으로 여겼다.

　　R이 겪는 문제는 그의 아내와의 관계였다. 아내의 요청에 따라 R과 그의 아내는 부부상담을 받게 되었는데, 그의 아내가 호소하는 문제는 그가 가족활동에 참여하는 것을 꺼리고, 자녀들에게도 관심을 갖지 않고, 감정이 없으며, 부부간 성관계에도 관심을 보이지 않는다는 것이었다. R이 나타내는 사회적 무관심, 메마른 감정, 개인적 고립 등 사회적 문제는 다른 사람들에게는 별로 문제가 되지 않는 것이지만 가족과 같이 깊고도 친밀한 관계를 맺어야 하는 사람들에게

는 고통스러운 것이었다.

결혼 초기 R의 아내는 그가 관심을 가질 만한 사교모임에 동행하는 등 많은 노력을 기울였지만 별다른 효과가 없었다. 결국 부부관계에서 고통을 당하게 된 것은 R이 아니라 그의 아내였던 것이다. 자신의 모든 노력이 아무런 효과도 없다는 것을 알게 된 그녀는 결국 R에게 치료를 받도록 요구하게 되었다(Millon & Everly, 1985).

M은 20세의 여대생이다. 그녀는 항상 친구들의 주목을 받을 만큼 아름다웠다. 하지만 M은 자신이 잠재적인 동성애 성향을 가졌을 것이라는 의구심을 품은 기숙사 룸메이트의 강한 요구에 따라 상담을 받게 되었다. 상담 과정에서 룸메이트의 이러한 의구심은 사실이 아닌 것으로 드러났지만, M은 이와는 다른 병리적 특성을 지닌 것으로 밝혀졌다.

M은 이성과 데이트를 한 적이 거의 없었다. 이성과의 데이트에서 아무런 즐거움도 경험할 수 없었기 때문이었다. 그녀는 사교모임에 초대를 받더라도 응하지 않는 경우가 대부분이었고, 모임에 나가는 대신 혼자 방에 남아 TV를 보거나 공부를 하는 것이 더 편하다고 느꼈다. 학생으로서 그녀의 학업성적은 뛰어난 편이었으며, 졸업 후에도 전공을 살려 현장에서 계속 일하기를 원했다.

　　M은 항상 동료들과 멀리 떨어져 지냈다. 동료들과 함께 활동하는 것을 꺼렸고, 친한 친구도 거의 없었다. 뛰어난 미모를 지녔음에도 이성에게 데이트 신청을 받은 적도 별로 없었다. 실제로 몇 번 데이트를 했을 때도 만남이 계속 이어지지 못했고, 이성에게서 계속 만나자는 요청을 받아도 거절하곤 했다. 동료들 사이에서 그녀는 '얼음 같은 여자'로 통했다.

　　한번은 어떤 남자와 몇 개월 동안 만남을 유지한 적이 있었는데, 상대는 별로 말이 없는 내성적인 사람이었고, 주로 자전거를 타면서 만나곤 했다. 이들이 만나서 나눈 이야기라고는 전공과 관련된 딱딱한 이야기뿐이었다. 이 관계는 10여 차례의 자전거 데이트 후에 깨졌다. 더 이상 나눌 이야기가 없었기 때문이었다.

　　상담 과정에서 M은 지금까지 살아오는 동안 기쁨이나 희열, 분노 등과 같은 감정을 느껴본 적이 거의 없었음이 드러났다. 그녀는 사람들에게 가까이 다가가서 긍정적이든 부정적이든 감정을 경험하고 나누기보다는 항상 사람들을 주변에서 지켜보는 쪽이었다. 이제까지 자신이 맺어온 관계들에 대해 그녀는 자세한 설명을 하지 못했고, 모호하고 막연한 말만 되풀이했다. 또한 관계에서 그녀의 관심은 상대방 자체가 아니라 구두라든지 옷 같은 별로 중요하지 않은 것들에 두어지곤 했다(Millon & Everly, 1985).

여러분은 앞의 사례에서 묘사하고 있는 사람들과 자신이
얼마나 다르다고 생각하는가? 여러분 자신에게는 인간관계가
묘약인가, 아니면 비수인가? 그에 대한 나름의 답을 내리기
위해 분열성 성격장애에 관해 좀 더 알아보기로 하자. ◆

2. 분열성 성격장애의 진단

1) 분열성 성격장애의 주요 증상

분열성schizoid이라는 용어는 1900년대 초반에 스위스의 심리학자 유진 블로일러Eugen Bleuler가 처음 사용하였다. 블로일러는 삶의 에너지가 밖으로 향하기보다는 안으로 향하는 의심 많고 '닫힌' 사람들을 지칭하여 이 용어를 사용했다. 이러한 특징을 가진 사람들은 특이한 사고를 지니고 있고 사회적으로 철수된 사람들이다.

분열성 성격장애로 진단내리기 위해서는 일정한 진단기준을 충족해야 한다. 여기서는 DSM-5(APA, 2013)에 제시된 분열성 성격장애의 주요 증상과 진단기준을 중심으로 살펴보기로 한다.

어떤 사람에 대해 분열성 성격장애 진단을 내리기 위해서는 진단기준에 제시되는 7가지 증상군 중 최소 4가지 이상이 나타나야 한다. 또한 이러한 증상이 일시적으로 나타났다가 사라지는 것이 아니라 비교적 지속적인 성질을 지녀야 하며, 청소년기 이하의 연령층에 대해서는 보통 성격장애 진단을 내리지 않는다.

분열성 성격장애를 지닌 사람들은 인간관계와 세상일에 참여하는 사람이라기보다는 멀리 떨어져서 관찰하는 사람이다. 따라서 이들은 '사회 속의 외딴 섬'과도 같다. 다른 사람들의 눈에 비친 분열성 성격장애 환자는 반응이 없고 아무것에도 관심이 없으며, 따라서 재미도 없다.

또한 이들은 관계에 대한 관심이나 열망이 없다. 사람들은 보통 다른 사람들과 좋은 인간관계를 맺는 것에 상당한 의미를 부여한다. 사실 사람들은 대부분 관계 속에서 기쁨과 슬픔, 희망과 좌절을 경험하며, 어떤 인간관계를 어떻게 맺고 유지해 나갈 것인지를 매우 중요하게 생각한다. 하지만 분열성 성격장애를 지닌 사람들은 그렇지가 않다. 우선 이들은 관계를 맺는 것에 대한 관심 자체가 결여되어 있다. 즉, 다른 사람들과의 인간관계에서 인생의 기쁨과 의미를 찾으려는 시도 자체를 별로 하지 않는다는 것이다. 따라서 이들은 다른 사람들을 사귀려고 하지 않으며 사교적인 모임에 참여하는 일도 극히

분열성 성격장애의 진단기준 (DSM-5, Section II; APA, 2013)

A. 사회적 관계로부터 유리되고 인간관계 장면에서 정서의 표현이 제한된 지속적 패턴이 초기 성인기부터 발현되고, 다음에 제시되는 일곱 개 증상 중 네 개 이상이 다양한 맥락에서 나타나는 경우

   (1) 가족의 일원이 되는 것까지 포함해서 친밀한 관계를 열망하거나 즐기려는 시도가 전혀 없는 경우

   (2) 거의 항상 혼자 활동하기를 선택하는 경우

   (3) 다른 사람과 성적인 관계를 거의 갖지 않는 경우

   (4) 즐거움을 주는 활동이 거의 없거나, 있다고 해도 극히 적은 경우

   (5) 부모형제 외에는 친밀한 친구나 절친한 사람이 없는 경우

   (6) 다른 사람의 칭찬이나 비판에 무관심한 듯이 보이는 경우

   (7) 정서적으로 냉담하거나 유리되어 있으며, 별다른 감정의 동요가 나타나지 않는 경우

B. 조현병, 정신증적 특징을 지니는 양극성 장애나 우울장애, 기타 정신증적 장애 혹은 자폐 스펙트럼 장애의 발병 경과 중에 발생하는 것이 아닌 경우. 또한 다른 의학적 상태의 생리적 효과로 설명될 수 없는 경우

* **주의**: 위 진단기준이 조현병의 발병에 선행하여 충족된다면 '발병 전'을 추가한다. 즉, 다음과 같이 표기한다. '분열성 성격장애(발병 전)'

드물다.

이들의 이와 같은 특성은 이성관계에서도 똑같이 나타난다. 일반적으로 이성관계는 만남이 거듭될수록 서로에 대한 개방의 폭이 넓어지고 깊이도 깊어져 친밀한 관계로 발전하는 것이 보통이다. 하지만 분열성 성격장애를 지닌 사람들은 이성관계에도 별다른 관심을 기울이지 않으며, 결혼을 해서 가족을 이루는 것에도 무관심하다. 설령 결혼을 한다 하더라도 배우자나 자녀에게 세심한 관심을 기울이거나 배려하는 것을 기대하기는 어렵다.

여기에서 주목할 것은 이들이 인간관계에 대한 두려움 때문에 다른 사람을 사귀지 않는 것은 아니라는 점이다. 인간관계를 맺는 것을 꺼린다는 결과만을 놓고 볼 때는 사회불안과 분열성 성격장애 간에 유사한 측면이 있다고 할 수 있다. 하지만 인간관계를 기피하는 이유는 판이하게 다르다.

흔히 사회불안social anxiety이라고 불리는 심리적 장애는 이성관계를 포함하여 다른 사람을 접하는 과정에서 상당한 불안을 경험하기 때문에 관계를 맺는 것 자체를 회피하게 되는 경우를 말한다. 이들은 인간관계를 맺고자 하는 열망, 인간관계에 부여하는 의미, 인간관계의 필요성 등이 보통 사람들과 차이가 나지 않는다.

반면에 분열성 성격장애를 지닌 사람들은 관계에 대한 욕구 자체가 별로 없다. 결국 이들은 거절당할지도 모른다는 불안과 두려움 때문에 관계 맺는 것을 회피하는 것이 아니라, 그 것에서 아무런 즐거움이나 의미를 찾을 수 없기 때문에 애초에 관계를 맺으려 하지 않는 것이다.

정서적 측면에서 볼 때 분열성 성격장애를 지닌 사람들은 좀처럼 감정의 동요를 보이지 않는다. 감정이 풍부하다기보다는 차라리 매사에 냉담하고 무덤덤한 편에 가깝다. 이들은 보통 사람들이라면 크게 기뻐하거나 기분 나빠할 일에도 별다른 감정을 드러내지 않으며, 흥분하는 일도 거의 없다. 따라서 이들이 긍정적이든 부정적이든 간에 격한 감정을 드러내는 것을 관찰하기는 매우 힘들다.

이들은 자신에 대한 다른 사람의 평가에 대해서도 별다른 반응을 보이지 않는다. 대개의 경우 사람들은 다른 사람에게 칭찬을 받으면 기분이 좋고 비난이나 비판을 받으면 마음이 상한다. 즉, 일반적인 사람들은 자신에 대한 다른 사람들의 언급이나 평가에 매우 민감하게 반응한다는 것이다. 하지만 분열성 성격장애를 지닌 사람들은 다른 사람들이 자신에 대해 칭찬을 하거나 험담을 늘어놓아도 별다른 반응을 보이지 않는다.

이들은 다른 사람에게 먼저 말을 건네는 일이 거의 없으며, 다른 사람들과 긴밀한 관계를 유지해야 하는 사회적인 활동에는 아예 참여하지 않는 편을 택한다. 이러한 이유로 이들은 주로 다른 사람과 빈번한 접촉을 하지 않아도 되는 활동이나 직업을 택하는 경우가 많다. 한마디로 이들은 주위 사람들과 그 어떠한 관계의 가교도 놓지 않으려 하는 '고립된 섬'이다.

2) 분열성 성격장애의 주요 특징

지금까지 분열성 성격장애를 지닌 사람들이 주로 나타내는 증상에 대해 살펴보았다. 앞서 제시한 증상들은 분열성 성격장애의 진단에 적용되는 일종의 진단기준이다. 밀론과 데이비스(Millon & Davis, 1996)는 분열성 성격장애를 나타내는 사람들의 특징적인 증상을 여러 영역으로 나누어 제시한 바 있는데, 다음 부분에서는 이러한 영역 중 핵심적인 몇 가지를 소개하기로 한다. 이를 통해 분열성 성격장애에 대한 이해를 한층 더 넓힐 수 있을 것이다.

(1) 수동성과 비자발성

대부분의 분열성 성격장애 환자는 무언가를 자발적으로 또는 적극적으로 하는 일이 거의 없다. 이들의 행동은 능동적이라기보다는 수동적이며, 에너지와 활력이 저하되어 있어서 다른 사람들의 눈에 비친 이들의 모습은 마치 로봇과도 같다.

예를 들면, 이들의 말은 느리고 단조로우며, 감정 또한 별다른 알맹이가 없이 모호하거나 단조롭다. 이들의 행동 역시 역동적이라기보다는 활기가 결여되어 있다. 이들은 마치 바깥세상과는 유리되어 자기 혼자만의 세계에 침잠하고 있는 은둔자처럼 보인다.

분열성 성격장애를 지닌 사람들은 외부의 자극에도 별다른 반응을 보이지 않는다. 다른 사람들이라면 분노하거나 기뻐하거나 슬퍼할 만한 일도 이들에게는 뚜렷한 반응을 불러일으키지 못한다. 이와 같은 무감동과 정서 결핍은 분열성 성격장애의 핵심 특징 중 하나다. 따라서 특정한 활동을 하도록 이들을 자극하기란 여간 힘든 일이 아니다. 이들이 주로 하는 활동이란 TV를 보거나 책을 읽거나, 그림을 그리거나 컴퓨터를 가지고 시간을 보내는 등 별다른 활력과 에너지를 필요로 하지 않는 일이 대부분이다.

(2) 유리된 인간관계

분열성 성격장애에 있어서 가장 특징적인 것은 관계 속에서의 그들의 모습이다. 즉, 분열성 성격장애의 핵심 특징을 그들의 인간관계에서 찾을 수 있다는 것이다. 1987년에 개봉한 〈바플라이Barfly〉라는 영화를 보면, 주인공은 사람을 미워하는 것인지 묻는 질문에 다음과 같이 대답한다. "아니, 나는 사람들을 미워하지 않아. 단지 그들이 주변에 없을 때 더 기분이 좋은 것 같아." 사람들과 관계를 맺기보다는 혼자 있으려는 것, 그것이 바로 분열성 성격장애의 주된 특징 중 하나인 것이다.

분열성 성격장애를 지닌 사람들은 사회적 관계에 아예 참여하려 하지 않는 경우가 대부분이다. 이러한 사람들은 개인적인 관계를 형성하거나 정서적으로 의미 있는 방식으로 다른 사람에게 반응하는 능력에서 심각한 결함을 보인다. 이들은 사람들에게서 동떨어져 있고 내성적이며 은둔하는 성향을 보인다. 또한 학교를 다니거나 직장생활을 하거나, 가족과 같이 지내는 등 피치 못해 다른 사람들과 함께해야 할 경우에도 피상적이고 형식적인 수준에서만 관계를 맺는다. 이들은 사회적인 관계를 맺어나가는 데 필요한 대인관계 기술이 부적절하거나 아예 결여되어 있는 경우가 많은데, 이는 성장 과정에서 이러한 기술을 학습할 기회를 갖지 못했기 때문인 것으로 보인다.

분열성 성격장애를 지닌 사람들은 성적 욕구 또한 잘 드러내지 않는다. 성은 곧 친밀감을 의미하는 것일 수 있기 때문에, 친밀한 관계를 맺는 것에 기본적으로 무관심한 사람들에게는 성적 관계를 맺는 것이 오히려 불편할 수 있다. 따라서 이들은 결혼을 하더라도 배우자와 성적인 관계를 맺는 것에 대해서는 별다른 욕구를 갖지 않는다.

일반적으로 이들은 직장이나 사회 안에서 비난과 처벌을 받지 않기 위해 다른 사람들의 요구에 순응하는 태도를 보일 수도 있다. 하지만 이들은 다른 사람의 간섭 없이 자신의 길을 가려는 경향이 있기 때문에 주위 사람들이 자신의 영역에 간섭하려 들거나 침해하면 매우 민감하게 반응한다.

이들은 가능하면 외적 압력에서 분리되려고 한다. 이들은 다른 사람들이 하는 것처럼 행동하라는 압력 또는 다른 사람들이 만들고 강요하는 법칙을 따르라는 압력 등 그 어떠한 압력이라도 그대로 따르지 않는 경향이 있다. 만일 그러한 압력이 실재하는 것이라면 이들은 그것에 굴복하기보다는 오히려 그러한 상황을 떠나고 말 것이다.

사람들은 분열성 성격장애를 지닌 사람들을 어리석거나 재미없다고 생각하는 것이 보통이고, 이들과 관계를 맺으려고 할 때는 이들의 무반응성과 무관심에 매우 당황하게 된다. 이들은 길게 말하지 않고, 간결하고 무미건조하게 말하기 때문에 종종 다른 사람들에게 무시를 당하기도 한다.

이들의 가족생활 또한 특징적이다. 이들은 어른이 되어도 의미 있는 상호작용 없이 자신의 부모와 함께 산다. 또한 제한된 가족구성원과만 접촉하고, 고립된 형태로 지하실에서 혼자 살기도 한다. 만약 이들이 지지적인 가족에게서 분리된다면 노숙자 신세를 면치 못할 수도 있다.

(3) 단조로운 사고 패턴

일반적으로 분열성 성격장애를 지닌 사람들의 사고 과정은 매우 단조로운 경향이 있다. 흔히 이들의 대화 내용은 초점이 분명치 않아 이야기의 핵심을 파악하기 어려우며, 애초의 의도에서 벗어나 이야기의 줄거리가 옆길로 빗나가는 경우가 종종 있다. 또한 이들은 특정한 주제에 대해 깊게 사고하는 능력이 결여되어 있어서 특정한 일이나 사건에 대한 통찰력이 낮은 경우가 많다. 사고의 내용이 매우 빈약하여 특정 화제에 대한 깊은 이해를 반영하는 의사소통을 하지 못하는 것이다. 이러한 경향성은 인간관계에서 벌어지는 일들의 경우에 특히 두드러진다.

이들은 다른 사람과 대화할 때 상대방이 한 말의 표면적인 의미는 이해하지만, 그 말 속에 담긴 표현되지 않은 잠재적 의도나 숨은 뜻 혹은 행간의 의미를 제대로 파악하여 이해하는 데는 어려움을 겪는다. 이러한 특징은 다른 사람의 말을 이해하는 데서만 나타나는 것이 아니라 그들 자신이 하는 말에서도 마찬가지로 발견할 수 있는데, 즉 정서가 실린 대화를 하지 못하고 복잡한 의미를 담은 말을 다양한 방식으로 전달하는데 어려움을 겪는다.

분열성 성격장애 환자는 외부 자극을 지각할 때도 자극의 다양한 속성을 변별하지 못하고, 전반적이며 총체적으로 지각하는 경향이 있다. 예를 들어, 일상생활에서 접하는 사람들이 어떤 의도에서 어떤 행동을 했는지를 맥락에 따라 구분하여 이해하기보다는 모호하고 전반적인 이해를 하는 데 그친다는 것이다.

(4) 자족적인 자기상

분열성 성격장애를 지닌 사람들은 다른 사람들의 개인적 삶에 무관심할 뿐만 아니라, 자신의 개인적 삶에도 깊은 관심을 기울이지 않는다. 즉, 자신이 어떤 사람인지, 삶에서 어떤 의미를 추구해야 하는지, 무엇을 위해 살 것인지, 살면서 어떤 가치와 태도를 지녀야 할 것인지 등에 대해 깊은 고민과 사색을 하지 않는다는 것이다.

이들은 자신의 삶에 별다른 불만을 지니지 않는다. 대부분은 자신의 삶에 만족하는 듯이 보이므로 보통 사람들에게서 흔히 관찰할 수 있는 사회적 야망이나 포부 같은 것이 별로 없다. 달리 말하자면, 스스로에 대한 깊은 성찰을 하지 않고 뚜렷한 삶의 비전을 가지고 있지도 않지만, 자신의 현재 삶에 큰 불만 없이 살아간다는 것이다. 이런 맥락에서 이들의 자기상self-image은 자족적이라고 할 수 있다.

(5) 무감동적인 정서 상태

분열성 성격장애의 뚜렷한 특징 중 하나는 정서적 민감성이 결여되어 있다는 것이다. 분열성 성격장애 환자들은 기쁨, 슬픔, 분노 등 보통 사람이 일상생활에서 흔히 경험할 수 있는 감정을 나타내는 경우가 매우 드물 뿐만 아니라, 이러한 감정을 느끼거나 경험하는 것 자체를 잘 하지 못한다. 따라서 다른 사람들의 눈에 비친 이들의 정서적 삶은 매우 메마르고 냉담하며 무감동적이다.

이들은 정서적으로 제한되어 있으며 정서적 흥분과 반응수준이 낮다. 지각력 또한 부족하고 무감각하며, 내적 정서 경험은 획일적이거나 불명확하다. 언어 역시 정서와 관련된 단어가 부족하기 때문에 단조롭게 들리는 경우가 대부분이다. 따라서 이들이 사용하는 말에서 정서나 감정을 반영하는 단어를 찾기란 매우 힘들다.

이러한 사람들은 부끄러움이나 죄책감 같은 감정 때문에 고통받는 일이 매우 드문 반면, 기본적인 안전에 대해서는 상당한 불안감을 경험할 수 있다. 예를 들어, 이들이 다른 사람들과 상호작용할 것을 강요받으면 강한 불안을 경험하게 될 것이다.

3) 분열성 성격장애의 발생 빈도와 진행 경과

이제 분열성 성격장애와 문화적 특성의 관련성을 살펴보고, 분열성 성격장애가 발현되는 대체적인 시기와 발생 빈도에 대해서 간단히 알아보겠다. 아울러 분열성 성격장애의 성별 분포와 가족 특징 그리고 진행 과정 등에 대해서도 살펴보자.

(1) 분열성 성격장애와 문화적 특성

문화적 배경이 다른 몇몇 개인이 방어적으로 행동하고 원만한 대인관계를 맺어나가지 못할 때 분열성 성격장애라고 잘못 진단할 수 있다. 예를 들어, 시골에서 대도시로 이사 온 사람은 적어도 몇 개월 동안은 혼자서 외톨이로 행동하고 정서반응이 제한되며, 의사소통의 결핍이 나타날 수 있다. 또한 다른 국가에서 이주해온 사람들이 원활치 못한 의사소통 때문에 정서적으로 냉담하고 적대적이며, 무관심한 사람으로 보일 수도 있다.

친숙하지 않은 이질적인 문화를 처음 접할 때 분열성 성격장애와 유사한 특징이 일시적으로 나타나기도 하지만 대개는 시간이 흐름에 따라 이런 문제는 사라지게 된다. 따라서 이러한 사람들에게 분열성 성격장애 진단을 내리는 것은 잘못된 것인 경우가 많다. 하지만 상당한 시간이 흘렀음에도 이런 문

제가 지속된다면 분열성 성격장애로 의심해볼 수도 있을 것
이다.

(2) 분열성 성격장애의 발현 및 발생 빈도

분열성 성격장애는 고립, 빈약한 친구관계 그리고 학교 성
적 저하를 시작으로 아동기와 청소년기에 처음 나타난다. 한
창 친구들과 관계를 맺고 우정을 쌓아 가야 할 때 그렇게 하지
못하는 이들의 행동은 이들을 다른 또래들과 다르게 만들고,
이런 행동 때문에 놀림감이 되거나 더욱 고립되게도 만든다.
아동기의 분열성 성격장애는 고독, 무감동, 정서적 초연함,
지나친 예민성, 이상한 의사소통 패턴, 유별난 상상을 동반한
다. 이러한 특징은 지능이 보통이거나 아주 뛰어난 아동에게
서 나타날 수도 있으나 언어 관련 기술의 발달 지연이 있는 아
동에게서도 나타난다.

이러한 문제는 교사나 부모의 입장에서는 아동이 친사회적
이지 않고, 조금만 자극해도 울음을 터뜨리거나 격분하고 분
노하는 형태로 표출하기 때문에 골치를 앓게 만든다. 사회적
으로 다른 사람들과 관계를 맺어야 하는 이런 시기에 다른 사
람들에게 고립되기 시작하면서 이들은 점점 더 사회에서 유리
된 존재가 되어버리는 것이다.

분열성 성격장애를 지닌 사람들의 대인관계 회피 경향 때

문에 이들에 대한 진단 빈도는 아주 낮은 편이다. 즉, 이들
은 대인관계를 맺지 않아도 일상생활에서 전혀 불편함을 느
끼지 않으므로 자발적으로 치료를 받으러 오지 않는다는 것
이다. 그러므로 치료 장면에서 접할 수 있는 기회가 거의 없
어서 발생 빈도가 낮게 보이는 것인지, 실제로 발생 빈도가
낮은 것인지는 알 수 없다. 추정에 따르면 분열성 성격장애
의 유병률은 3.1~4.9% 정도다.

　아동기에 시작하는 분열성 성격장애는 여아보다는 남아에
게서 조금 더 많이 진단되며, 성인의 경우에는 앞서도 언급했
듯이 이들의 대인관계에 대한 욕구 결핍 때문에 발생 빈도를
알 수 없을 뿐만 아니라 남녀 성별의 분포도 제대로 파악하기
가 어렵다.

(3) 분열성 성격장애의 가족적 특징

　분열성 성격장애는 가족이나 친척 중에 조현병이나 분열형
성격장애를 지닌 사람이 있는 경우가 그렇지 않은 경우보다
더 높은 발생 빈도를 보이는 것으로 보고된다. 이러한 가족 상
황을 지닌 개인은 정서적으로 가족과 상호작용할 기회가 적기
때문에 타인에 대해서도 상대적으로 정서적인 반응을 하지 않
게 된다.

　특히 부모가 조현병을 지닌 경우에 더욱 그러한데, 이러한

부모에게서 자라난 아동은 대인관계를 맺는 방법을 부모에게 배울 기회가 적으며, 감정이 메마른 분위기에서 성장하게 된다. 그래서 점차 사회적인 관계에 관심을 갖지 않게 되고 외적인 감정 표현이 적어지며, 혼자만의 시간을 보내는 것을 선호하게 될 가능성이 커진다.

(4) 분열성 성격장애의 진행 경과

분열성 성격장애를 지닌 사람이 조현병으로 진행될 위험은 점차 증가하고 있으나 아직까지는 10명 중 1명 정도로 낮은 편이다. 아동기에 발생한 분열성 성격장애는 적어도 초기 성인기까지는 지속되는 특성을 지니며, 유전 같은 생물학적 원인도 있는 것으로 간주된다. ◆

3. 분열성 성격장애의 유형

1) 하위 유형

다른 성격장애와 마찬가지로 분열성 성격장애의 경우에도 여러 가지 유형이 있다. 이러한 유형 중 어떤 것은 큰 문제없이 일상생활을 영위하는 정상인에 가깝고, 또 어떤 것은 증상이나 병리가 매우 심각하기도 하다. 그러면 분열성 성격장애의 여러 가지 하위 유형을 살펴보자.

(1) 정상형 분열성 성격장애

사회생활을 하다 보면 다른 사람의 도움이나 정서적 지지를 별로 구하지 않고, 다른 사람과 잘 어울리지도 않으며, 자신의 감정이나 경험을 다른 사람과 나누는 것을 즐기거나 달가워하지 않는 사람들을 종종 접할 수 있다. 이런 사람들은 대

개 소수의 절친한 사람과 최소한의 인간관계를 유지하며, 공
적인 사회 장면이나 활동에 참여하는 것에는 별다른 흥미와
관심을 기울이지 않는다. 이들은 대개 다른 사람들에게 조용
하고 과묵하다는 말을 자주 듣는다.

이들은 사람들이 모여있는 곳에 가더라도 항상 뒷자리나
구석진 자리를 차지하므로 이들을 발견하거나 이들에게 주목
하기란 쉽지 않다. 이들은 자신의 주변에서 무슨 일이 진행되
고 있는지, 다른 사람들의 감정은 어떠한지 등에 별다른 관심
을 기울이지 않는다. 이들이 어떤 일을 찾아서 자발적으로 하
는 경우를 접하기는 매우 힘들며, 이들은 다만 주어진 일을 혼
자서 조용히 할 뿐이다. 이와 같은 특징은 증상의 정도가 그리
심하지 않다는 점에서 정상형이라 불린다.

(2) 비활동형 분열성 성격장애

비활동형의 핵심 특징은 분열성 성격장애의 여러 증상 중
에서 활력의 저하와 행동의 비활동성이 두드러진다는 점이다.
비활동형의 사람들에게서 역동성과 활력을 찾아보기란 매우
힘들다. 색깔에 비유하자면 이들은 무채색에 가깝다. 즉, 항상
무기력한 상태에 있는 듯이 보이고, 어떠한 일에도 적극적으
로 임하는 일이 없으며, 행동이 느리다.

이러한 특징으로 인해 이들은 주어진 일조차 제대로 완수

3. 분열성 성격장애의 유형 ✳ **53**

해내지 못해서 무능하고 게으르며 책임감이 없다는 말을 자주 듣는다. 그런데도 무감동형 분열성 성격장애처럼 감정이 아주 메마르거나 무감동적이지는 않다.

(3) 철수형 분열성 성격장애

철수형 분열성 성격장애의 주된 특징은 사회적 관계에서의 고립과 철수다. 이 유형에 속하는 사람들은 어린 시절에 부모나 가족의 거부 혹은 강한 적대감의 희생자였을 가능성이 크다. 이러한 경험을 가진 아동은 부모나 가족을 비롯한 외부 세계로부터 자신을 보호하기 위해 다른 사람들과 관계를 맺는 것을 피하는 행동 패턴을 발달시킨다.

이들은 다른 사람과 관계를 맺고 감정을 느끼고자 하는 욕구는 지니고 있지만, 그러한 욕구를 발현하면 자신에게 감내할 수 없을 정도의 커다란 고통이 초래된다는 것을 경험을 통해 알고 있다. 따라서 이들은 관계를 맺기보다는 관계를 피하는 것이 자신에게 더 이롭다는 생각을 유지하게 되는 것이다.

이 유형에 속하는 사람들은 다른 사람이나 사회에 대한 관심이 결여되어 있어서 어떤 사회적 장면이든지 간에 주변인의 역할을 벗어나지 못한다. 또한 자신이 다른 사람에게서 사랑이나 인정을 받을 수 없는 부적절한 존재라고 생각하기 때문에 자존감도 매우 낮다. 이들에게 있어서 인생이란 별다른 것

이 아니기 때문에 자신을 성장시킬 수 있는 그 어떤 활동에도
적극적으로 참여하지 않는다. 다른 사람들에게 이들은 의지
가 박약하고 자율성이나 자발성이 결여된 모습으로 비친다.
따라서 직장생활에서도 상사나 관리자의 역할을 하기보다는
부하나 종속적인 역할을 할 따름이다.

(4) 무감동형 분열성 성격장애

무감동형 분열성 성격장애의 핵심 특징은 말 그대로 정서
의 경험과 표현이 거의 없다는 것이다. 이들에게서 정서적 생
동감을 발견하기란 매우 어렵다. 이들은 아무리 슬픈 영화를
보아도 별다른 슬픔을 느끼지 않고, 아무리 무서운 영화를 보
아도 놀라지 않는다. 또한 이들은 어떠한 우스갯소리를 들어
도 웃는 모습을 잘 보이지 않는다. 비활동형 분열성 성격장애
의 주된 특징이 행동 측면에서의 위축이라면, 무감동형 분열
성 성격장애는 정서 측면에서의 위축을 주된 특징으로 한다.

(5) 이인형 분열성 성격장애

이인형 분열성 성격장애는 분열성 성격장애의 여러 유형
중에서 증상의 심각성 정도가 가장 심한 경우라고 할 수 있
다. 이 유형의 사람들은 다른 사람이나 외부 세계에 무관심
하고 그로부터 유리되어 있다는 점에서 다른 유형들과 공통

점을 지니지만, 이인화depersonalization가 두드러진다는 점에서는 차이를 지닌다. 이 유형의 사람들은 다른 사람들은 물론이고 자기 자신에 대해서도 마치 사물을 대하듯 하며, 이들의 내면은 텅 빈 공허에 가까워 외적으로나 내적으로 자신을 동요시킬 만한 어떠한 감정 및 생각도 불러일으키지 못한다.

이들은 그야말로 세상에서도 철저히 단절되어 있으며, 물리적으로는 세상에 존재하지만 자신이 지금 무엇을 하고 있는지, 또 무엇을 느끼고 생각하고 있는지는 전혀 자각하지 못해서 심리적 견지에서 볼 때 존재하지 않는 사람처럼 보인다. 또한 자기 자신만의 상상이나 공상도 없는 듯 보이므로 다른 사람들에게는 인간적인 중요한 뭔가가 결여된 사람으로 간주된다.

2) 다른 심리장애와의 관계

분열성 성격장애와 분열형 성격장애 그리고 조현병은 관련이 있는 것으로 알려져 있다. 비록 조현병과 분열성 그리고 분열형 성격장애의 진단기준이 다름에도 이들 사이에는 상당한 연관이 존재한다는 보고가 있다. 조현병 환자 가운데 26%는 발병 전에 분열성 성격장애와 분열형 성격장애를 가지고 있었던 것으로 보고되며, 이는 특히 남성에게서 그러하다. 또한 이 장애를 지닌 사람들은 때로는 주요 우울장애를 보이기도 한다.

분열성 성격장애는 아동기의 여러 가지 가벼운 자폐증과도 관련이 있으며, 자폐증보다 사회적 상호작용은 덜 손상되어 있지만 이를 구별하기는 쉽지 않다.

그러면 사회적 고립을 중심으로 다른 심리장애들과의 관계를 살펴보자. 사회적 고립과 제한된 정서는 분열성 성격장애, 분열형 성격장애, 편집성 성격장애에서 공통적이다. 그러나 분열성 성격장애에는 기이한 생각이 없고 감각이 비현실적이지 않다는 점에서 분열형 성격장애와 구별되며, 의심이나 피해망상이 없다는 점에서 편집성 성격장애와 구별된다. 회피성 성격장애의 사회적 고립은 자신이 버려질 것과 자신의 단점 등이 알려질 것이 두려워서 생기는 것이고, 강박성 성격장애의 사회적 고립은 일에 대한 완벽주의와 절제된 감정 표현 때문에 생기는 것이다. 하지만 이 두 장애 모두 친밀에 대한 능력은 기본적으로 가지고 있다. 그러나 분열성 성격장애는 다른 사람과 사회적 친밀감을 형성하려는 욕구 자체가 제한되어 있기 때문에 고립된다.

고독을 사랑하는 사람은 분열성 성격장애의 성격 특성을 보여준다. 하지만 이런 특성이 경직되고 부적응적이며, 심각한 기능장애를 일으키거나 주관적으로 고통을 일으키는 경우에만 분열성 성격장애라고 할 수 있다. ◈

4. 분열성 성격장애의 원인

1) 배경요인

(1) 생물유전적 요인

현재까지 알려진 바에 따르면, 부모에게서 이어받은 유전적 특징이 분열성 성격장애의 발달과 관련이 있을 것이라는 추측은 있지만 분열성 성격장애의 발달에 생물유전적 요인이 결정적인 역할을 한다는 결론을 내릴 만한 확실한 증거는 없다.

강한 정서를 경험할 수 있는 능력과 활기차고 능동적으로 행동할 수 있는 능력에 있어서 생물학적 결함을 지닌 부모는 그러한 결함을 자녀에게도 유전시킬 수 있다는 추측이 가능하다. 즉, 정서성, 대인적 민감성, 활동성 등과 관련된 신경화학적 취약성을 지닌 부모의 유전적 특성을 자녀가 이어받음으로써 분열성 성격장애를 발달시킬 수도 있다는 것이다. 하지만 이러한 추측을 뒷받침할 만한 직접적인 증거는 불충분하므로 확실한 결론을 내리기는 어렵다.

(2) 성장기 동안의 자극 결핍

성장기, 특히 유아기에 부모를 비롯하여 자신을 돌봐주는 사람들에게서 충분한 물리적 · 정신적 자극을 받지 못한 채로 자라난 아동은 다양한 발달상의 결함을 겪을 수 있다. 가령, 생후 초기 1년 동안 충분한 자극을 받지 못하면 정서성과 관련된 신경조직의 발달에 문제가 생기게 되고, 다른 사람에 대한 애착을 학습할 수 있는 기회를 갖지 못하게 된다.

어떤 유아는 기질적으로 비반응적이어서 외부의 자극에 별다른 반응을 하지 않을 뿐만 아니라 다른 사람들의 반응을 불러일으키는 데도 미숙할 수 있는데, 따라서 부모를 비롯한 주위 사람들에게서 별다른 관심과 애정을 받지 못한 채로 자라나게 된다. 그 결과, 이러한 유아들은 다른 사람들과 애착관계를 맺는 데 장애를 겪을 수 있다.

이들은 주위 사람들에게서 별다른 자극을 받지 못하기 때문에 인형과 같은 무생물체를 가지고 노는 경험을 반복하게 되며, 이로 인해 사람들과 정상적인 상호작용을 해나가는 데 어려움을 겪게 된다. 따라서 어떤 이유에서건 성장기 동안 주

위 사람들과 정상적으로 상호작용할 기회를 갖지 못한 채로
자란 아동은 분열성 성격장애로 발달할 가능성이 높다.

(3) 의사소통의 단절과 냉랭한 가족 분위기

아동은 반복적으로 접하게 되는 인간관계예: 가족관계 패턴을
관찰하면서 그러한 관계 패턴을 학습해나간다. 따라서 아동
이 자주 접하는 가족구성원 간의 인간관계 패턴과 가정의 정
서적 분위기는 아동의 성장 및 발달에 큰 영향을 미치게 된다.

다른 사람과 효과적으로 상호작용할 수 있기 위해서는 다
른 사람들이 무엇을 경험하는지, 그리고 무엇을 말하고 있는
지를 잘 이해하고 그에 따라 적절한 반응을 전달할 수 있는 능
력을 갖추는 것이 필요하다. 하지만 어떤 사람들은 다른 사람
들이 나타내는 말 또는 감정, 행동의 정확한 의미를 이해하거
나 포착해내지 못하고, 설령 그것이 되었다 하더라도 그에 대
해 합리적이고 의미 있는 방식으로 반응하지 못한다.

의사소통 기술에 대한 학습은 인간관계를 효과적으로 맺어
나가는 데 필수적인 사항이다. 그러한 기술이 없으면 다른 사
람들과 쉽사리 어울리지 못하고, 다른 사람들에게서 유리되
어 지낼 수밖에 없게 된다. 이러한 상태가 바로 분열성 성격장
애의 상태다.

가족구성원 간에 행하는 의사소통 방식이 무질서하거나 피

상적이고, 의례적이거나 냉담하다면 이런 분위기는 아동의 의
사소통 능력의 학습에 곧바로 영향을 미치게 된다. 아동의 의
사소통 방식은 아동이 자라난 가족의 의사소통 방식을 반영할
수밖에 없기 때문에 가족구성원 간에 피상적이거나 형식적인
교류가 지속될 수 있고, 서로 친밀한 접촉이 이루어지지 않아
냉랭한 가족적 배경이 형성될 수 있다. 이는 분열성 성격장애
가 발달하게 되는 토양으로 작용한다고 볼 수 있다.

2) 분열성 성격장애에 대한 이론적 설명

현재까지도 분열성 성격장애의 발달 원인에 대한 타당한
이론적 설명은 그다지 이루어진 것이 없다. 다만 이론마다 부
분적으로 이 장애의 발달에 대한 시험적인 설명을 가하고 있
을 뿐이다.

(1) 정신역동 이론

정신역동 이론에서는 아동이 어머니에게 적절한 관심을 받
지 못해 과도하게 민감한 정서 상태로 홀로 지내게 되는 경험
이 분열성 성격장애의 발달과 관련이 있다고 본다. 또한 그
결과로 아동은 그러한 경험을 또다시 되풀이하지 않기 위하여
주위 사람들에게서 동떨어진 삶을 선택하게 된다고 본다. 즉,

어머니를 비롯하여 자신을 돌봐주는 주위 사람들에게 적절한
관심과 애정, 정서적 돌봄을 받지 못한 아동은 매우 큰 정서
적·심리적 좌절을 경험하게 되는데, 이러한 좌절을 되풀이
하지 않기 위해 아예 주위 사람들에게서 철수하는 과정을 거
치게 된다는 것이다.

(2) 학습 이론

분열성 성격장애에 대한 또 다른 이론적 설명으로 학습된
무기력 이론을 들 수 있다. 이 이론은 아동기에 부모 혹은 주
위 사람들에게서 지나치게 과잉보호를 받거나, 반대로 전혀
관심 및 보호를 받지 못해 사회적 상호작용의 가치를 경험할
기회를 갖지 못한 것이 분열성 성격장애의 발달에 중요한 역
할을 한다고 본다.

이 이론에 따르면, 이러한 심리적 환경에서 자라난 아동은
점점 더 침묵하게 되고, 그에 따라 주위의 관심이나 애정을 받
지 못하고 소외되는 경험을 되풀이하게 되며, 성인이 되어서
도 자신의 바람이나 욕구를 표현하는 것에 실패하게 된다.

(3) 인지치료 이론

인지치료 이론은 사람들이 경험하는 정서적 장애나 심리적
증상은 그들이 가진 생각이나 신념 또는 태도가 잘못되었기

때문에 나타나는 것이라고 가정한다. 즉, 생각의 잘못으로 인해 행동이나 감정이 잘못된다는 것이다. 인지치료 이론에서는 사람들이 가진 생각이나 신념 또는 태도를 인지cognition라고 부른다.

사람들은 대개 특정한 사건을 접하면 자동적으로 특정한 생각을 한다. 이를 자동적 사고automatic thoughts라고 하는데, 이러한 자동적 사고는 그야말로 자동적으로 순식간에 떠오르는 생각이기 때문에 웬만한 주의를 기울이지 않고는 그러한 생각을 했다는 것조차 의식하지 못하는 경우가 대부분이다.

벡A. T. Beck에 따르면, 사람들이 경험하는 여러 가지 환경적 자극과 심리적 문제 사이에는 자동적 사고라는 인지 요소가 개입하는데, 여기에서 문제가 되는 것은 환경적 자극에서 어떠한 내용의 자동적 사고를 떠올리는가다. 만일 그것이 부정적인 내용의 것이라면 심리적 문제는 피할 수 없다. 반대로 같은 사건에 대해 긍정적이거나 최소한 중립적인 내용을 떠올린다면 심리적 혼란과 문제는 경험하지 않는다.

예를 들어, 오랫동안 사랑하던 여성과 헤어져 깊은 상실감에 젖어있는 청년의 경우 슬픔, 무기력, 절망감, 식욕부진, 불면 등 여러 가지 우울 증상을 경험할 수 있다. 이때 얼핏 사랑하던 여인과의 이별이 이 청년의 우울 증상을 초래한 것으로 보이지만, 사실은 그렇지 않다.

이 청년의 우울 증상에 더 직접적으로 관련되는 것은 그 여성이 헤어지자는 말을 했을 때 그의 머릿속에 자동적으로 떠오른 생각이다. 만약 그 생각이 '당신 없는 내 인생은 의미가 없다.'라는 내용이었다면 그것은 이 청년의 우울을 설명하기에 충분하다. 하지만 반대로 '그녀와 나는 인연이 아닌가 봐.' 내지는 '나는 아픈 만큼 더 성숙할 수 있어.' 등과 같은 내용의 생각이 떠올랐다면 최소한 우울 증상은 피할 수가 있는 것이다.

인지치료 이론에서는 이러한 자동적 사고가 인지도식 cognitive schema에 의해 생겨난다고 본다. 사람들은 살아가면서 자기 나름대로 자신과 세상을 이해하는 틀을 발달시킨다. 즉, 세상은 어떤 곳인지, 자기는 어떤 사람인지, 인생은 어떠한 의미가 있는지, 그리고 다른 사람들과 어떠한 관계를 유지해야 하는지 등에 관한 지식을 차곡차곡 쌓아가게 된다는 것이다. 이러한 지식이 아주 어린 시절부터 시작하여 삶을 사는 과정에서 하나의 체계화된 덩어리를 이루게 될 때 그것을 인지도식이라고 한다. 오랜 시간을 투자해서 컴퓨터의 작동 원리에 대한 지식을 체계화했을 때 그것을 컴퓨터에 관한 인지도식이라고 부를 수 있듯이, 세상을 살아가는 과정에서 삶과 관련하여 형성된 이해의 틀이 바로 삶의 인지도식이다.

그런데 사람에 따라 인지도식의 내용은 달라질 수 있다. 그 이유는 그들이 살아온 삶의 과정과 그 과정에서 경험한 내용이 다르기 때문이다. 이렇게 볼 때 한 개인이 지닌 인지도식은 그가 살아온 삶을 응축해서 보여준다고 할 수 있다. 한 개인의 삶은 바로 인지도식 속에 반영되어있다는 것이다.

여기서 문제가 되는 경우는 그 개인의 인지도식의 내용이 부정적인 성질을 지니는 경우다. 이러한 인지도식을 역기능적 인지도식dysfunctional cognitive schema이라고 하는데, 이는 심리적 문제를 초래하는 근원적 역할을 한다. 즉, 살아오는 과정에서 부정적인 내용으로 인지도식을 구성할 경우 심리적 문제에 매우 취약하게 되기 쉽다는 것이다.

부정적인 내용의 자동적 사고를 활성화시키는 것은 바로 이러한 역기능적 인지도식의 내용이다. 역기능적 인지도식을 가지고 있는 사람은 일상생활에서 스트레스 사건을 경험하게 될 때 부정적인 내용의 자동적 사고를 자신도 모르게 떠올리게 되며, 그 결과로 심리적 문제가 발생한다.

지금까지 언급한 인지치료의 기본 논리에 비추어볼 때, 분열성 성격장애를 지닌 사람들의 경우에도 부정적인 자동적 사고나 역기능적 인지도식이 이 장애의 핵심 증상과 밀접한 관련이 있을 것이라고 가정할 수 있다. 따라서 인지치료 이론에서는 분열성 성격장애에서 주로 나타나는 자동적 사고와 역기능적 인지도식의 내용이 무엇인지를 확인하는 것에 초점을 맞

춘다.

하지만 다른 성격장애와는 달리 분열성 성격장애에서는 자동적 사고와 역기능적 인지도식의 양이 상대적으로 매우 빈약하다는 특징을 지니는데, 이는 분열성 성격장애의 증상과 무관하지 않다.

대개 사람들은 다른 사람에게서 부정적인 평가를 받는다든지 비난을 받는 것과 같은 사회적 상황에서 스트레스를 경험할 때 강한 부정적 감정을 경험한다. 이때 스트레스 자극과 부정적 감정의 경험 사이에는 부정적인 내용의 자동적 사고와 역기능적 인지도식이 개입되어 있다고 볼 수 있다. 그런데 분열성 성격장애를 지닌 사람들의 경우에는 사회적 상호작용에 참여하는 일이 거의 없을 뿐만 아니라 정서적 경험 자체가 매우 빈곤하기 때문에 자동적 사고를 생성해낼 여지가 그만큼 줄어들게 된다.

또한 다른 성격장애를 지닌 사람들에 비해 자동적 사고의 양도 상대적으로 빈약하고 역기능적 인지도식의 내용도 결핍되어 있는데, 그런데도 분열성 성격장애를 지닌 사람들은 다음과 같은 자동적 사고와 역기능적 인지도식을 가지고 있는 것으로 알려져 있다.

• 나는 혼자 있는 것이 더 낫다.

- 나는 아무것도 하고 싶지 않다.
- 아무도 나를 간섭하지 않았으면 좋겠다.
- 다른 사람이 무엇을 하든 나에겐 아무런 상관이 없다.
- 사람들이란 언제든지 바꿀 수 있는 물건과도 같다.
- 다른 사람들과 관계를 맺으면 골치 아픈 문제만 생겨난다.
- 주위에 사람들만 없다면 인생은 별로 복잡하지 않을 것
  이다.
- 다른 사람들과 거리를 유지하는 것이 더 낫다.
- 내 마음속은 텅 비어있다.
- 나는 사회 속의 무리에 끼어들기에는 부적절한 사람이다.
- 나를 자극하고 흥분시킬 만한 일은 세상에 없다.

  앞서 소개한 것처럼 분열성 성격장애를 지닌 사람들이 가
지고 있는 인지 내용의 핵심은 사람들에게서의 고립과 분리
다. 이러한 생각을 가지고 있기 때문에 이들은 다른 사람들에
게 다가가려는 행동을 시도하지 않는 것이다. ❖

5. 분열성 성격장애의 치료

분열성 성격장애를 지닌 사람은 자신의 성격 문제 때문에 자발적으로 전문가의 도움을 요청하는 경우가 매우 드물다. 설령 이들이 전문적인 치료자의 도움을 받으러 온다 하더라도 그 이유는 주위 사람의 강한 요구에 의해서이거나 다른 문제 때문인 경우가 대부분이다. 어쨌든 상담이나 심리치료 장면에서 분열성 성격장애 환자를 발견하기란 매우 힘든 일이며, 이들에 대한 확실하고도 효과적인 심리학적 치료 방법 또한 현재로서는 뚜렷한 게 없는 것이 사실이다.

이 절에서는 분열성 성격장애를 지닌 사람들과의 심리치료에서 중요한 치료의 목표와 전략 및 방법, 치료의 형태별 특성, 약물치료 등에 대해 살펴본다.

1) 치료의 목표와 전략 및 방법

분열성 성격장애를 지닌 사람들은 치료적 장면에 잘 등장하지도 않지만, 치료를 받으러 온다 하더라도 이들을 제대로 치료하기란 여간 힘든 일이 아니다. 이들은 가족이나 주변 사람들의 강요로 마지못해 치료를 받거나, 자신의 성격과는 직접적인 관련이 없는 다른 문제들로 치료를 받고자 한다. 이들은 자신의 성격 자체에 대해서는 그 어떠한 변화도 이루려는 동기가 없다. 즉, 이들은 자신의 성격 때문에 스스로 별다른 불편을 경험하지 않으므로 성격을 바꾸고자 하는 시도를 기울일 필요성을 느끼지 않는다는 것이다.

또한 이들은 자신의 삶이나 스스로에 대해 거의 불만이 없고, 설령 불만을 가진다 하더라도 그것을 해결하기 위해 치료자와 같은 다른 사람들의 도움을 구하는 것을 내켜 하지 않는다. 이러한 점들이 바로 심리치료를 통해 분열성 성격장애를 치료하기가 어려운 이유다.

(1) 치료의 목표 설정

분열성 성격장애 내담자에 대한 치료의 궁극적인 목표는 이들이 사회적 고립에서 벗어나도록 하는 것과 이들이 사회적 상황에 효과적으로 적응하도록 돕는 것이다. 이러한 궁극적인 목표를 달성하기 위해서는 보다 구체적인 목표를 설정할 필요가 있는데, 이때 염두에 두어야 할 것은 치료의 목표가 추상적이어서는 곤란하며, 가능한 한 구체적이고 실질적인 것이어야 한다는 점이다. 분열성 성격장애를 지닌 내담자를 치료할 때는 흔히 다음과 같은 4가지 목표를 중요한 것으로 언급할 수 있다.

첫 번째 목표는 이들이 사회적 장면에서 철수하려는 경향성을 줄여야 한다는 것이다. 분열성 성격장애의 핵심 증상은 사회적 장면, 즉 사람들에게서 유리되려는 것이다. 따라서 이러한 증상을 어떻게든 바로잡지 않는 한 이들에게서 변화를 기대하기는 매우 어렵다.

두 번째는 어떤 것에서든 이들이 즐거움을 경험할 수 있도록 도와야 한다는 것이다. 이들이 가진 주요 증상 중 하나는 스스로 즐거움을 느낄 만한 활동이 전혀 없거나, 있다 하더라도 극히 적다는 것이다. 비단 분열성 성격장애가 아니더라도 사람들은 보통 특정 활동에서 기쁨과 즐거움을 경험할 수 있어야 그 활동에 적극적으로 임하게 된다. 역으로 그 활동에서 아무런 즐거움도 경험할 수 없다면 해당 활동에 임하는 빈도는 점차 줄어들고 말 것이다. 따라서 치료자는 분열성 성격장애를 지닌 내담자가 궁극적으로 스스로에게 기쁨과 즐거움을 선사하는 활동을 개발할 수 있도록 도와야 한다.

세 번째 목표는 정서적 경험의 폭과 깊이를 확대 또는 심화시켜야 한다는 것이다. 분열성 성격장애를 지닌 사람들은 일상적인 생활 장면에서 흔히 경험할 수 있는 감정 및 정서를 아예 경험하지 못하거나, 다소나마 경험한다 하더라도 이를 표현하지 못한다. 이러한 정서적 둔마와 비반응성은 다른 사람들에게서 무시나 냉대 같은 부정적인 반응을 이끌어 내게 되며, 이는 다시 사람들에게서 철수하려는 경향성을 더욱 강화시키게 된다. 따라서 이들의 정서적 민감성을 증진시키는 것은 이들의 치료에서 매우 중요한 목표가 될 수 있다.

네 번째로는 인간관계를 맺고 유지하는 데 필요한 구체적인 인간관계 기술을 습득할 수 있도록 도와야 한다는 것이다. 분열성 성격장애를 지닌 사람들은 다른 사람들과 깊고도 친밀한 관계를 맺거나 유지해 본 경험이 없기 때문에 막상 다른 사람들과 의미 있는 관계를 맺으려 해도 구체적인 방법을 몰라서 그렇게 하지 못하는 경우가 많다. 따라서 치료자는 이들에게 인간관계를 맺는 데 필요한 구체적인 행동 기술을 체계적인 방식으로 가르치고 훈련시킬 필요가 있다.

(2) 치료 전략 및 방법

다른 문제를 가진 내담자들과의 치료에서도 마찬가지지만, 특히 분열성 성격장애를 지닌 내담자들과의 치료에서는 치료적 관계를 맺는 것 자체가 매우 힘들다. 왜냐하면 이들은 다른 사람과 관계를 맺는 것에 관심이 없기 때문이다. 또한 이들은 자신에 대한 다른 사람의 접근을 별로 달가워하지 않을 뿐더러 이를 허용하지도 않는다. 따라서 앞서 제시한 치료적 목표를 달성하기 위해 치료자가 해야 할 최우선의 과제는 내담자와 안정적이고도 지속적인 치료적 관계를 맺어나가는 것이다.

치료적 관계의 형성에 있어서 치료자는 우호적이고 공감적이며, 배려하고 존중하는 태도를 일관되게 유지하는 것이 매우 중요하다. 분열성 성격장애를 지닌 사람들은 다른 사람에게 침해받거나 간섭받는 것에서 위협을 느낀다. 따라서 치료자가 분열성 성격장애를 지닌 내담자를 직면시키거나 해석하려 들면 그 내담자는 치료적 관계를 맺는 것에 강력한 저항을 나타낼 가능성이 크다. 이러한 상황을 미연에 방지하기 위해서는 관계를 형성하는 것에 너무 많은 압력을 주어서는 안 된다.

분열성 성격장애 내담자들은 자신을 돕고자 하는 치료자에게 적대감이나 불신 또는 공격이 아닌 무반응을 가지고 도전한다. 이들은 치료자가 제공하는 온정적이고도 배려적인 감정에 대해 같은 감정으로 화답하지 않는다. 이때 이 과정에서 치료자는 무력감과 좌절을 경험할 수 있다. 그러므로 치료자가 이러한 무력감과 좌절에서 어느 정도 자유롭지 못하다면 진정한 치료 관계의 형성은 힘들어진다.

하지만 분명한 것은 정서적 유대나 반응성의 부족이 무감각을 의미하지는 않는다는 점이다. 치료 장면에서 이들이 견디거나 유지하기 어려운 수준의 압력을 받지만 않는다면, 그리고 치료자가 인내심을 가지고 내담자를 기다려 줄 수만 있다면 이들은 결국 치료자와 함께할 것이고 또한 치료에 정규적으로 참여하고 싶어 할 것이다. 결국 치료자의 일관적인 온정적 태도와 인내심은 치료적 관계의 형성을 위해 치료자가 할 수 있는 모든 것이라고 할 수 있다.

치료적 관계의 형성에서 중요한 또 다른 사항은 내담자가 다른 사람과 관계를 맺는 것과 맺지 않는 것이 그 내담자의 삶에서 어떤 순기능과 역기능을 하는지 꼼꼼히, 또 찬찬히 살펴보는 일이다. 즉, 사람들과 함께하거나 반대로 사람들에게서 철수하는 것이 각각 내담자에게 어떤 이득과 손실을 초래하는지 구체적인 사례를 들어 같이 논의해야 한다는 것이다. 이러한 분석이 제대로 이루어지기만 한다면 분열성 성격장애 내담자들은 사회적 접촉을 유지하는 것의 이점을 인식하게 될 것이고, 다른 사람들과 관계를 맺는 것이 자신에게 도움이 될 수도 있다는 점을 이해하게 될 것이다.

인간관계 형성의 필요성을 어느 정도 인식할 수 있게 되면, 그다음 단계에서는 자신에게 특정 수준의 강화를 제공할 수 있는 관계를 찾는 작업을 해나간다. 인간관계의 필요성을 인정한다 하더라도 실제 인간관계에서 아무런 긍정적인 체험도 할 수 없다면 이들은 다시 예전의 모습으로 되돌아갈 수 있다. 따라서 치료자는 내담자와 함께 내담자에게 도움과 지지를 제공할 수 있는 사람들이 누구인지 확인하고, 그 사람들과 관계를 맺는 시도를 하도록 내담자를 격려할 필요가 있다.

또한 이러한 격려와 더불어 인간관계를 맺는 데 필요한 구체적인 행동을 연습하고 훈련하는 기회가 주어져야 한다. 이것을 결코 소홀히 취급해서는 안 된다. 왜냐하면 이러한 행동적 차원의 인간관계 기술이 제대로 갖추어지지 않을 경우 현실적인 인간관계에서 부정적 경험을 할 가능성이 매우 크기 때문이다.

치료자는 분열성 성격장애를 지닌 내담자와의 치료에서 종종 강한 역전이를 경험할 수 있는데, 이는 치료의 성패와도 직결되는 매우 중요한 사항이다. 역전이countertrans-ference란 치료자가 내담자를 통해 갖게 되는 다양한 부정적 생각이나 감정 또는 행동을 말한다. 이러한 역전이는 치료자 자신의 문제 때문에 발생하기도 하지만, 상당 부분은 내담자가 가진 문제로 인해 치료자에게서 유발되는 것이다.

분열성 성격장애 내담자는 치료자와의 약속을 망각하거나 지키지 않는 경우가 잦다. 즉, 미리 약속된 다음 치료 시간에 나타나지 않거나 치료자가 내준 과제를 '잊어버리고' 해 오지 않는 경우가 흔히 발생할 수 있다는 것이다.

이와 더불어, 실제 치료 시간에 치료자의 말에 반응하지 않고 침묵하는 등의 행위는 치료자에게 무기력과 좌절을 경험하게 하거나 분노를 불러일으킬 수 있다. 이들이 보이는 정서적 또는 행동상의 비반응성은 치료자에게 지루함을 느끼도록 만들 수도 있고, 역으로 초조함을 경험하게 할 수도 있다. 이 모든 것이 치료자에게 있어서는 역전이로 작용할 수 있고, 일단 역전이가 발생한다면 치료는 별다른 진전 없이 심각한 난국에 봉착하게 된다.

이와 같은 상황에서 중요한 것은 앞서도 언급했다시피 치료자의 인내심이다. 이러한 인내심을 발휘하는 데 실패하면 치료는 그것으로 종결을 고할지도 모른다. 치료자로서는 분열성 성격장애 내담자와의 치료에서 혼자 극복할 수 없는 역전이 문제를 경험하게 될 경우 동료나 선배 치료자에게 도움을 구해야 한다. 이를 통해 자신이 경험하는 역전이 문제의 성질을 이해할 수 있게 되고, 문제를 해결하는 방법을 배울 수 있게 된다. 그러나 치료자가 이러한 역전이 문제를 해결해나갈 수 없다는 판단이 선다면 무리하게 치료를 진행하기보다는 내담자를 다른 치료자에게 의뢰하는 것이 바람직하다.

2) 심리치료

(1) 정신분석적 치료

일반적으로 무의식에 대한 통찰을 목표로 하는 정신분석적 심리치료psychoanalytic psychotherapy는 분열성 성격장애를 지닌 내담자를 치료하는 데 그다지 효과적이지 않을 수 있다. 이런 내담자들은 내면 감정이나 방어가 복잡하지 않을 뿐만 아니라, 그것에 내성introspection을 지닐 수 있는 통찰 능력 자체가 매우 빈약하기 때문이다. 대개의 경우 이런 내담자는 자신의 속마음을 들여다보지 않으려 하며, 통찰을 유도하려는 치료자의 노력에도 잘 반응하지 않는다.

이런 내담자에게 정신분석적으로 지향된 치료를 행할 경우에는 치료자의 역할 변화가 필요하다. 통상적인 정신분석적 치료에서는 수동적이고 중립적인 치료자의 태도를 강조한다. 그렇게 함으로써 내담자의 자유로운 내면 탐색을 촉진할 수 있기 때문이다.

그러나 분열성 성격장애 내담자와의 치료에서는 한층 더 적극적이고도 능동적인 치료자의 역할이 요구된다. 즉, 내담자의 자유로운 연상과 내면 탐색에 초점을 맞추기보다는 내담자가 치료자와 긍정적이고도 안정적인 관계 형성 경험을 가질 수 있도록 적극적으로 노력해야 하며, 이를 통해 내담자가 그러한 관계 경험을 내재화할 수 있도록 도와야 한다는 것이다.

(2) 행동치료

　분열성 성격장애 내담자들의 외현적인 행동상의 문제를 교
정하는 데는 행동수정behavioral modification이 도움이 될 수 있다.
특히 이들은 실제적인 인간관계 장면에 필요한 사회적 관계
또는 대인관계 기술이 부적절하거나 결핍되어 있기 때문에,
이들에게 보다 적절한 대인관계 행동 방략을 적극적으로 교육
시키고 훈련시키기 위해서는 행동수정에서 사용하는 실제 장
면에서의 노출과 역할 연기가 상당한 도움이 될 수 있다.

　그러나 분열성 성격장애를 지닌 내담자를 치료하는 데 있
어서 행동수정 기법만을 사용하는 것은 적절하지 않다. 왜냐
하면 행동수정을 적용하기 위해서는 치료에 대한 기본적인
동기와 치료자를 향한 신뢰가 필요한데, 이들은 치료자와 관
계를 맺는 것 자체에 관심이 없거나, 특정한 활동을 하는 데
필요한 활력과 동기가 약하기 때문이다. 따라서 행동수정 기
법은 다른 치료법과 더불어 보조적인 수단으로만 사용하는
것이 적절하다고 할 수 있다.

(3) 인간중심적 치료

내담자를 향한 공감적 태도와 일관된 수용, 그리고 무조건적인 존중과 배려의 치료적 태도를 강조하는 인간중심적 치료 person-centered therapy는 분열성 성격장애 내담자와의 치료 관계를 형성하는 데 큰 도움이 될 수 있다. 이때 치료자는 내담자에게 지지적이고도 신뢰로운 치료 환경을 제공함으로써 협력적인 치료적 관계를 형성해 나갈 수 있을 것이다. 또한 이렇게 형성된 치료적 관계는 내담자가 다른 사람들을 향해 인간관계를 확장해 나갈 수 있는 기본 토양의 역할과 기능을 할 것으로 기대된다.

(4) 인지치료

인지치료cognitive therapy 또한 분열성 성격장애 내담자에게 어느 정도 도움이 될 것으로 보인다. 그러나 고도의 인지적 내성과 통찰에 초점을 맞추기보다는 일상적인 생활 장면에서 여러 가지 생활 사건에 마주칠 때 자신에게 일어나는 자동적 사고를 확인하게 하는 치료 절차를 사용하는 것이 더 도움이 될 것이다. 이런 활동을 통해 내담자는 자신의 빈약한 인지적 기반을 점차 확대해나갈 수 있다.

(5) 집단치료

내담자가 일대일의 개인 심리치료를 통해서 치료자와 어느 정도 안정적인 치료적 관계를 형성하는 것이 가능해지면, 건설적인 사회적 태도와 기술 습득의 기회를 제공하는 집단치료 group therapy 역시 분열성 성격장애 내담자의 치료에 큰 도움이 될 수 있다.

이들은 집단치료를 통해 다른 사람과 관계 맺을 기회를 갖게 되고, 자신을 향한 다른 사람들의 태도와 행동을 관찰할 수 있게 되며, 자신이 가진 인간관계 기술을 실제로 발휘해서 교정하고 연습할 수 있는 기회도 가질 수 있게 된다.

(6) 가족치료

이와 비슷한 맥락에서 가족치료family therapy 역시 이들에게 도움이 될 수 있다. 치료자는 분열성 성격장애 내담자의 가족을 치료에 참여하게 함으로써 내담자를 대하는 가족의 태도와 행동을 변화시킬 수 있게 되고, 이를 통해 내담자에게 변화를 위한 잠재적 기회를 제공할 수 있게 된다.

여기에서 중요한 것은 내담자에 대한 가족의 태도와 동기다. 앞서도 살펴보았듯이, 분열성 성격장애의 발달에는 어린 시절부터 내담자가 경험해 온 가족 분위기가 큰 역할을 한다. 분열성 성격장애가 역기능적 가족 체계와 결코 무관하

지 않다는 것이다. 따라서 역기능적 가족 분위기에 얼마간의
기본적인 변화가 선행되지 않는 한 가족치료는 별다른 성과
를 이루기 어렵다. 이런 의미에서 치료자는 가족치료를 행하
기에 앞서, 개별 가족에 대한 평가와 치료를 선행할 필요가
있다.

3) 약물치료

어떤 연구자는 조현병과 분열성 성격장애 사이에 증상의
특징 면에서 연관성이 있다고 주장한다. 조현병의 증상은 크
게 양성 증상과 음성 증상으로 구분할 수 있다. 양성 증상
positive symptom이란 환각, 망상, 기괴한 행동 등과 같이 보통 사
람에게서는 잘 발견되지 않는 행동이 지나치게 많이 나타나는
경우를 말한다. 그리고 음성 증상negative symptom이란 정서의 둔
마, 표현 불능, 무의지, 무감동, 비사교성, 주의력 손상 등과
같이 보통 사람에게서는 통상적으로 나타나는 행동이나 기능
이 결핍되어 있는 경우를 말한다.

앞서 음성 증상의 예로 언급한 것들은 분열성 성격장애의
주요 증상과 매우 유사하다. 따라서 어떤 연구자는 조현병의
음성 증상을 치료하는 데 효과적인 약물이 분열성 성격장애의
치료에도 효과가 있을 것이라고 주장한다. 그러나 정작 조현

병의 음성 증상에 큰 영향을 주는 항정신성 약물은 거의 없다. 따라서 분열성 성격장애의 증상에 효과적인 약물 역시 별로 없다.

그렇다 해도 분열성 성격장애의 몇 가지 증상은 약물로 어느 정도의 처치가 가능하다. 정서적 무관심, 사회적 철수, 둔감하거나 억제된 감정, 말과 사고의 빈약, 느린 사고 과정 등 조현병의 음성 증상과 유사한 증상에는 리스페리돈risperidone이나 오란자핀olanzapine 등과 같은 약물이 도움이 될 수 있다.

보통의 경우 성격장애를 지닌 사람들은 치료적 목적으로 사용하는 것이 아닌 약물을 남용하는 경우가 그리 드물지 않다. 그러나 분열성 성격장애는 다른 성격장애에 비해 약물남용이나 약물중독에 빠질 위험이 상대적으로 매우 적은 편이다. 이는 분열성 성격장애의 주된 특징 중 하나가 사회적 접촉의 결핍이기 때문에 약물과 알코올 문화에 노출될 기회가 상대적으로 적으며, 그들이 가진 행동 특성으로 인해 불법적인 약물을 구입할 방법을 배우기에는 무리가 따르기 때문이다.

분열성 성격장애를 지닌 사람들은 이처럼 약물남용의 빈도가 적긴 하지만 다른 약물에 비해 환각제를 선호하는 것으로 알려져 있다. 환각제는 현실과 유리된 환각 상태를 만들어서 다른 사람들과 거리감을 조성하고, 그들이 일반적으로 창조

할 수 있는 것보다 더 풍부한 내적 경험을 체험할 수 있도록
만들어주며, 일상생활에의 참여 실패에서 경험할 수 있는 부
정적인 감정의 경험을 감소시키는 기능을 한다. ◆

6. 치료 사례

　다음은 분열성 성격장애에 대한 치료가 어떤 식으로 진행되는지를 예시하기 위하여 벡과 프리만(Beck & Freeman, 1990, pp. 132-135)이 소개한 치료 사례 중 일부를 발췌한 것이다.

　　J는 28세의 남성으로 처음에는 우울증 때문에 치료를 받으러 왔다. 그는 독신으로 매우 고독한 삶을 살았다. 직장도 있었지만 직장 동료들과 어울리지는 않았고, 직장 밖에서도 사회적 관계를 갖지 못했다. 그는 친구가 전혀 없었고 간헐적으로 데이트를 했으며, 자신을 '자립적인 사람'이라고 생각했다.

　　여성들이 때때로 관심을 보였지만 그는 그들과의 지속적인 관계에는 관심이 없다고 보고했다. 그에게 있어서 인간관계는 즐거운 것이라기보다는 성가신 것이었다. 그는 일하러 가지 않을 때는 집에서 컴퓨터 작업을 하거나 오래된 책을 수집하곤 했다.

J는 자신이 평생 고독한 존재로 살았다고 보고했다. 어린 시절, 그는 다른 아이들과 전혀 어울리지 않고 책을 읽거나 우표를 수집하면서 놀았다. 그는 자신의 어린 시절을 회상하면서 다른 사람들과 어울려 놀거나 함께한 기억이 없다고 했다. 하지만 그는 자신의 부모를 지지적이었던 것으로 회상했다. 그는 여전히 매해 한 번은 부모를 방문하였고, 부모는 그가 어느 정도 관심을 보이는 유일한 사람이라고 했다. 그는 학문적으로 우수했고, 생물학을 공부하기 위해 대학에 들어갔다. 대학을 졸업한 후에는 의학연구협회에서 실험실 기술자로 일했다.

지난 2개월 동안 그는 우울증을 경험하고 있었다. 우울한 동안에는 미래에 만족스러울 어떤 것도 상상할 수가 없었다. 이러한 생각은 우울증으로 고통 받는 사람에게는 일반적인 것이지만, 그에게 있어서는 우울증 이전에도 있어 왔던 것이다. 초기 면접에서 그는 다음의 증상을 겪고 있는 것으로 파악되었다.

- 정서적 측면: 슬픔, 무기력
- 생리적 측면: 수면 장애

- 인지적 측면: 인생에서 자신을 위해 즐길 것이 아무것도 없다는 자동적 사고마치 수행자처럼 자신의 방 안에서 혼자 앉아 자신에 대해 생각한다.
- 행동적 측면: 미리 즐길 수 있는 행동으로부터의 철회, 극단적으로 제한된 사회관계

치료의 첫 번째 단계는 치료의 진행 방향을 J에게 소개하고 설명하는 것이었다. 치료자는 정서적 경험이나 행동상의 어려움은 생각에 따라 좌우될 수 있고, 따라서 주어진 특정한 장면에서 자신에게 어떤 생각이 떠오르는지를 관찰하는 것이 중요하다는 점을 강조했다. J의 치료에 있어서 초기 목표는 우울증을 완화시키는 것으로 설정했다.

치료 초기에 그는 친구 관계나 성적인 관계에 대한 욕구가 없다고 말했다. 그는 몇 가지 취미를 개발하려고 노력하였지만 삶에서 즐길 만한 어떤 것도 발견할 수가 없었다. 그 자신의 무력감이 그가 가진 목표를 성취하는 것을 가로막고 있었다. 그래서 무력감을 중요한 치료 문제로 간주하였다. 특히 각 회기 내에서 가능한 한 무력감과 관련된 많은 사고를 이끌어내는 데 초점을 맞췄다.

우울증을 감소시키는 과정은 느렸고, 그는 일시적으로 만족할 때조차 결국 자신은 만족스러운 것이 전혀 없다고 극단

적인 생각을 고수했다. 하지만 계속된 작업으로 그의 무력감과 우울증은 점차 감소했다. 자신이 다른 사람들과 매우 다르고, 결코 다른 사람들과 어울릴 수 없다고 생각하는 빈도도 줄어들게 되었다. 그러나 그는 어울리기를 원하지는 않는다고 반응했다.

보통 이런 문제를 지닌 사람들은 다른 사람들과 관계를 맺으려는 욕구 자체가 빈약하기 때문에 다른 사람과 어울릴 수 없는 자신을 '기형'이나 '비정상'으로 여기는 경우가 많다.

J에게 있어서 주목할 만했던 것은 다른 사람들이 자신에 대해 어떤 생각을 가지고 있는지 아무런 관심도 갖지 않는다는 것이었다. 이런 점에서 J의 우울은 다른 사람들의 애정과 관심을 상실함으로써 경험하는 통상적인 우울과는 성격이 다른 것으로 보였다. 그는 자신이 다른 사람들과 어떻게 만나는가에 무관심했다. J가 보다 관심이 있었던 것은 보상받지 못하는 자신의 삶에 대한 깨달음이었다.

우울증이 잠잠해졌을 때 사회적 고립의 문제가 다시 대두되었다. 놀랍게도 이 시점에서 J는 여성과 관계를 갖고 싶을 것 같다는 생각을 했다. 따라서 이 목표에 대해 작업하는 것에 동의하는 한편, 실제적으로 관계를 시작하는 데 있어서는 양가감정을 심하게 느꼈다. 그는 어떤 면에서는 바람직한 상황이 있을 것이라고 생각했지만, 다른 한편으로는 노력할 가치가 없다고 생각했다. 이 양가감정 때문에 그는 여성과 만날 약속을 이행하지 않았다.

그는 여성을 만날 방법으로 사교모임에 참석하는 것에 동의했다. 사회불안과는 달리, J는 여성이 자신을 어떻게 생각하는지에 관심이 없었다. 그보다는 자신이 지루하고 그것들이 흥미롭지 않다는 것에만 관심이 있었다. 또한 그는 장기간의 교제가 자신의 생활양식에 맞지 않을 것이라고 생각했다.

치료 회기에서 발췌한 다음 부분은 J가 관계에 참여하는 데 있어서 가졌던 어려움을 보여준다. 그는 관계를 맺는 데 있어서 진정한 욕구가 없는 것처럼 보였으나, 그것이 잠재적으로 그의 삶에 무언가를 더해줄 수 있다고 생각했다.

> 치료자: 지난주에 직장에서 몇몇 여성을 알게 될 가능성에 대해 생각해 보겠다고 말했는데, 어떻게 되어가고 있죠?
>
> 내담자: 관심을 보이는 여성이 한 사람 있었지만, 그녀에 대해 어떻게 해보겠다는 생각은 전혀 들지 않았어요.
>
> 치료자: 그 여성에 대해서는 어떻게 생각하세요?
>
> 내담자: 그녀는 괜찮아 보였어요. 하지만 그녀에 대해 주목할 만한 것은 아무것도 없었어요.

치료자: 당신은 자신이 만난 많은 여성에 대해 그 말을 사용하는군요.

내담자: 글쎄요. 사실, 관계 속에서 내게 특별하거나 관심이 생기는 일은 없어요.

치료자: 당신은 다른 사람들이 관계 속에서 가치를 두는 것이 무엇이라고 생각하나요?

내담자: 모르겠어요⋯. 아니, 실제로 그들은 동료의식에 가치를 두지만 나는 아니에요. 때때로 나도 그것에 가치를 두어야 한다고 생각하지만 그렇게 하지는 않아요.

치료자: 전에 당신은 다른 사람들과 이야기하겠다고 나와 약속했지만 전혀 그렇게 할 것 같지 않군요. 당신이 그것을 생각할 때 어떤 자동적 사고가 떠올랐나요?

내담자: 그것이 가치가 없다고 생각했어요. 아마도 불쾌하고 번거로운 일이겠죠. 사실 나에게 있어서 모든 관계는 성가신 것이에요. 나는 여성에게 지속적인 관심을 보일 수가 없어요.

치료자: 당신이 관계에 대해 이러한 예측을 할 때 무슨 일이 일어나지요?

내담자: 단지 최선을 다하지 않는 거죠. 관계를 맺으려

고 노력할 만한 동기가 없는걸요.

치료자: 그래서 이것을 따를지 어떨지에 대해 망설였나요?

내담자: 예. 그것은 합리적인 목표처럼 보이지만, 내가 최선을 다하고 실제적으로 관계를 가진다고 생각하니 꺼려지네요.

치료자: 그것은 아마 하나의 방식이나 또 다른 방식으로 사전에 의사결정을 하는 데 있어서 도움이 될 것입니다. 관계를 맺겠다고 결정하고 그것을 방해하는 생각을 거부하거나, 특정 시간에는 관계를 추구하지 않기로 결정하고 목표 항목에서 이것을 삭제하는 것입니다. 어떻게 생각하나요?

내담자: 결정을 해야 한다고 생각해요.

치료자: 좋아요. 하지만 경험상 특정한 방해를 하는 인지가 일어날 것이고, 그것이 당신에게 문제를 일으킨다는 것을 알 수 있을 것입니다. 그렇죠?

내담자: 맞아요.

치료자: 그것들을 다룰 수 있는 방법을 살펴보죠. 당신이 누군가에 대해 머뭇거릴 때 가장 먼저 떠오르는 생각이 무엇이죠?

J는 관계에서 개인적인 만족을 얻지는 못했다. 그리고 관계에 대한 그의 생각은 그것을 해야만 한다는 사고에 기인하고 있었으며, 만약 갈등이 더 심해지면 관계를 계속할 수 없을 거라고 생각했다. 이런 점 때문에 그는 치료를 종결하기로 결정했다. 곧이어 그의 우울도 제거되었고, 때때로 그는 자신이 즐길 수 있는 일을 발견했다고 보고했다. 그의 초기 목표는 성취되었다. 비록 여전히 사회적으로 서툴렀지만 극적으로 사회적 기술이 증가하였고 관계가 제공하는 가치를 제한적이나마 깨달을 수 있었다.

J의 사례는 강화에 대한 내담자의 사고가 치료자나 사회가 가진 생각과 어떻게 다른지를 보여 주는 좋은 자료가 된다. 관계의 회피가 두려움의 결과가 아니라는 것을 일단 알았다면, 관계에 대한 개인의 신념체계를 유지하면서 분열성인 개인이 개인적 보상의 방식으로 삶을 구성할 수 있게 돕는 것이 중요하다.

재발을 방지하는 데 있어서 가장 중요한 측면은 공식적인 치료가 끝난 이후 후속 회기를 계속 갖는 것이다. 이러한 후속 회기는 분열성 성격장애를 지닌 사람에게 보다 빈번하게 이루어진다. 왜냐하면 이러한 환자들은 고립된 생활방식으로 돌아갈 확률이 높기 때문이다. 후속 회기 동안에 초기 증상의 재발이 있는지, 환자가 치료 상황이 아닌 외부에 고립되어 있는지를 평가하는 것은 중요하다. 만약 환자가 은둔적인 생활양식으로 돌아간다면, 치료자는 후속 회기를 보다 자주 갖도록 해야 한다.

앞서 언급한 것처럼, 기저에 깔린 가정이나 대인관계 문제를 다루지 않고 재빨리 증상을 제거하기를 바라는 분열성 성격장애 환자의 욕구는 치료 결과에 대한 치료자의 욕구와 상반되는 것일 수도 있다. 인지치료는 협조적인 접근 방법이기 때문에 치료자가 환자에게 그들의 목표를 강요하지 않는 것이 중요하다. 분열성 성격장애 환자에게는 단기간의 치료와 긍정적인 경험을 갖게 하는 것이 보다 중요하다.

분열성 환자의 신념체계에서 예견할 수 있는 것처럼, 환자가 치료관계에 가치를 둘 가능성은 높지 않다. 환자는 치료자를 강압적인 존재로 볼 가능성이 높고, 이것은 치료자에게 거리를 두려고 하는 자동적인 전략을 촉진할 수도 있다. 궁극적으로 치료자에게 신뢰와 가치를 두는 회피성 환자와는 달리 분열성 환자들은 결코 그렇게 하지 않는다.

분열성 성격장애를 지닌 사람들의 제한된 정서, 무반응성 그리고 열악한 사회기술 등은 치료를 어렵게 만든다. 그럼에도 전체적으로 따뜻하고 공감적인 자세를 유지하는 것은 중요하다. 그리고 치료적 관계가 형성되기까지 어떠한 압력이나 압박도 가해서는 안 된다. 어쨌든 치료자는 약간의 효과를 얻는 데도 오랜 시간이 걸릴 수 있다는 것을 잊지 않아야 한다. ◆

분열형
성격장애

2

1. 사례로 보는 분열형 성격장애

　사람들이 보통 하지 않는 엉뚱한 행동을 한다든지, 사람들이 평소에 생각하기 어려운 이상하고 특이한 생각을 한다든지, 말투가 특별하다든지 특이한 행동 방식을 가진 사람들에게 우리는 괴짜라는 별명을 붙이곤 한다. 주변에서 이런 괴짜들을 드물지 않게 볼 수 있다. 노래방에서 음정, 박자 다 무시하고 그야말로 자기 마음대로 노래를 부르는 사람들을·찾기란 그리 어려운 일이 아니다. 또한 상황에 어울리지 않게 엉뚱한 말이나 행동을 해서 좌중을 웃게 만드는 사람 또한 심심치 않게 접할 수 있다.

　주변에서 흔히 볼 수 있는 이런 괴짜들이 지니는 한 가지 공통점은 이들의 행동이 보통 사람들의 상식적인 기대와 어긋나서 매우 특이하고 특별나게 간주된다는 것이다. 그렇다고 하더라도 우리는 이런 괴짜들을 별로 경계하지 않는다. 이들의 행동이 다소 엉뚱해서 실소를 자아내기는 하지만 기괴하거나 이상하지는 않기 때문이다. 따라서 우리는 이러한 괴짜들을 경계하기보다는 오히려 재미있다고 여기는 경우가 대부분이다.

분열형 성격장애schizotypal personality disorder를 지닌 사람들 역시 괴짜임에는 틀림이 없다. 하지만 보통 괴짜와는 다른 점이 많은데, 가장 두드러지는 차이는 분열형 성격장애를 지닌 사람들의 생각이나 말과 행동은 특이하다 못해 기괴하고 이상하다는 것이다. 이들의 행동거지는 우리의 상식적인 기대에서 너무나도 벗어나 있기 때문에 웃음이 나온다기보다는 오히려 이상하다는 느낌이 들어 가까이하기에 거북하고 부담스럽다.

분열형 성격장애를 지닌 사람들의 생각이나 말은 이상하다 못해 매우 기괴하다. 이들의 생각과 말은 내용이나 형식 면에서 매우 특이하며, 감정 또한 상황에 부적절한 경우가 많다. 보통 사람들이 흔히 경험하지 못하는 이상한 감각이나 환상을 경험하기도 하고, 더러는 망상을 나타내기도 한다. 이들은 다른 사람들을 접할 때면 강한 불안과 부적절감을 자주 경험하여 사람들을 사귀지 못하고 홀로 지내는 경우가 많다.

겉으로 드러나는 행동과 외모는 이들이 가진 특성을 가장 잘 나타내준다. 이들은 상황에 어울리지 않는 행동을 반복적으로 보이거나, 지저분한 외모와 복장 또는 화려하기는 하지

만 구색과 상황에 맞지 않는 복장을 하기도 한다. 그리고 일반
적으로 사람들이 지키는 관습에 관심이 없어보이고, 경우에
따라서는 이를 완전히 무시하는 것처럼 보이기도 한다. 예를
들어, 한여름에 겨울 코트를 입고 털모자를 쓰고 다닌다든지,
반바지에 양복 상의만 입고 거리를 나서는 경우가 이에 해당
한다. 이러한 특징을 모두 고려한다면, 분열형 성격장애를 지
닌 사람들은 괴짜이자 기인이며, 기묘하고 이상하게 보이는
사람들이라고 할 수 있다.

이러한 특징을 지닌 사람들이 어떤 사람들인지 보다 실감
나게 이해하기 위해 다음의 사례(Millon & Everly, 1985)에서
묘사하고 있는 것들을 잘 살펴보자.

> 41세의 K는 정신건강 진료소를 통해 사회기술훈련 집단
> 프로그램에 참여하도록 의뢰되었다. 그는 오랫동안 가까운
> 친구라고는 전혀 없었으며, 자신의 친형에게 강한 분노 감
> 정을 지니고 있었다. 그는 자신이 가진 분노 감정이 폭발하
> 여 형에게 상해를 입힐지도 모른다는 두려움에 떨고 있었
> 다. 치료 면접에서 그는 물고기 사료를 하나 사는 데도 어떤
> 상표의 것을 사야 할지 결정하지 못해 결정하는 데 한 시간
> 반이나 걸렸다고 말하기도 했다. 요즘 경제 사정은 어떻냐
> 는 치료자의 질문에 그는 자신의 은행 잔고가 얼마나 남아

있는지를 소상히 말하느라 많은 시간을 소비했다. 그는 다른 사람들과 함께 집단에 참여하면 몹시 불안해지는데 그래도 자신이 참여하는 게 좋은 것인지 치료자에게 거듭해서 묻곤 했다.

J는 입원 중인 27세의 미혼 여성으로, 세 자매 중 막내다. 그녀는 어렸을 때부터 조용하고 부끄러움이 많았으며, 가족 중에서 가장 연약한 사람이었다. J의 아버지는 알코올중독자였으며, 술자리에서 자주 창피를 당했고 가족을 주기적으로 구타했다. 어머니는 J에게 관심이 없었지만, 가끔 그녀에게 "바보" "느림보"라며 비난을 하곤 했다.

J는 우수한 성적으로 중학교를 마쳤다. 그러나 그녀는 어머니의 죽음 때문에 곧 학교를 그만두었다. J는 어머니가 돌아가시기 2년 전부터 아버지가 돈을 벌어오지 않았기 때문에 가족의 수입에 보탬이 되기 위해 재봉사로 취직했다. 그러나 불행하게도 J가 일하던 공장이 문을 닫아 계속 일할 수는 없었다.

그녀는 언니가 지난 2년 동안 자신을 위해 주선해준 여러 직장을 전전했다. 잦은 이직에 대해 J는 "나는 거기에 흥미가 없었고 느렸다."라고 말했다. 마지막 직장에서 해고당한 이후, J는 언니에게 완전히 의존하게 되었고 새로운 직장을 구하는 것을 포기했다. J는 자신에게는 일하는 것이 너무 어렵고, 모든 사람이 자신을 '멍청하고 일을 엉망으로 만드는 사람'으로 볼 것이라고 생각했다.

몇몇 젊은 남성이 그녀에게 데이트를 신청했지만 그녀는 매번 그들의 데이트 신청을 거절하곤 했다. 왜냐하면 그 남성들이 자신과 한 번 만난 후에는 더 이상 관심을 갖지 않을 것이라고 생각했기 때문이다. 그 후 7년 동안 J는 결혼하지 않은 언니를 위해 가사를 돌보며 지냈다. 그러나 그녀는 대부분의 시간을 자거나 TV를 보면서 지냈기 때문에 결코 자신이 유익한 일을 했다고 느끼지는 않았다. 그녀는 책을 읽거나 TV를 보는 것을 좋아하지 않았지만, 다른 사람이나 자기 자신에 대해 생각하는 것보다는 그게 차라리 낫다고 생각했다.

언니는 결혼을 하게 되자 더 이상 J를 돌볼 수 없게 되었다. 언니는 무능력한 J를 입원시키기로 결정했다. 언니의 결정이 자신에게는 매우 고통스러운 거부로 느껴졌기 때문에 J는 언니의 결정에 좋게 반응하지 않았다. 하지만 그녀는 적어도 공식적으로는 아무런 저항 없이 그 결정에 따랐다.

병원에 입원한 후 특정한 환각이나 망상을 보고하지는 않았지만, J는 몽롱하고 단절되어 있는 것처럼 보였다. 그녀는 이야기를 거의 하지 않았고, 다른 사람의 질문에 대해

"예." 또는 "아니요."로만 답했다. 그녀는 이성적으로 보였고, 자신을 상당히 잘 보살폈으며, 병원 생활에 아주 잘 적응했다. 그러나 그녀는 바깥세상에 대한 기대와 요구에 관심이 없었으며, 다른 환자나 병원 직원들과 친밀한 관계를 맺으려고 하지도 않았다.

H는 입원 중인 27세의 미혼 남성으로서 7남매 중 넷째였다. 그는 술고래였으며, 광부인 그의 아버지는 H가 어렸을 때부터 줄곧 정부의 생활보조를 받아 생계를 유지했다. 그의 어머니는 H가 여덟 살 때 막냇동생을 낳다가 돌아가셨다. 어머니가 돌아가셨을 때 각각 15세, 11세이던 두 누나가 이모와 함께 가족을 돌보았다.

어린 시절 '오리'라는 별명을 가졌던 H는 겁먹고 바보 같은 어린애였으며, 항상 사람들을 피해 다녔다. 오리라는 별명은 뒤뚱거리는 그의 이상한 걸음걸이 때문에 붙은 것으로, 사람들이 H를 조롱하고 멸시할 때 사용하는 말이었다. H는 자신의 형제나 이웃의 아이들과 거의 어울리지 않았고, 종종 걸음걸이 때문에 사람들에게 무자비한 놀림을 받았다. H는 이웃에게 일종의 놀림감이었던 셈이다. 그는 심지어 자신으로서는 가장 온화한 눈빛으로 한 번 쳐다봤다는 이유만으로도 사람들에게 엄청난 야유와 협박을 당하기도 했다.

다른 형제들에게 하는 아버지의 무자비한 행동은 그를 겁에 질리게 하였다. 그의 아버지가 그를 '착하고 귀찮게 굴지 않는 아이'라고 생각했기 때문에 H는 다른 형제보다 그런 무자비한 대우를 덜 받기는 했지만, 혼자서 특별한 대우를 받는 것이 다른 형제에게는 분노와 비난을 불러일 으켰다. H가 11세가 될 때까지 그의 형들은 그를 조롱하고 창피 주는 일에 동참하였다.

H의 가족은 H가 학교에서 처음 몇 해를 우수하게 마쳤 을 때 놀라워했다. 그러나 그는 중학교에 입학하면서부터 말을 더듬기 시작했다. 그의 학교 성적은 아주 형편없었고, 그는 학교에 가는 것을 거부하면서 여러 가지 모호한 신체 적 고통을 토로하였다. 가족은 모두 그에게 '돌았다'고 말 하기 시작했다. 그는 이상한 것을 그리기 시작했고 간혹 독 백을 하기도 했다.

열여섯 살 때는 "내가 사라진다, 내가 사라진다, 사라진 다."라고 소리치면서, 자신의 몸은 천국에 있고 몸을 되찾 으려면 밖으로 나가야 한다고 말하며 집을 뛰쳐나간 적도 있었다. 흥미롭게도 이 사건은 그의 아버지가 법정에서 주 립정신병원으로 입원조치된 직후의 짧은 기간에 일어났다. 17세가 될 때까지 H는 곧잘 종일 생각에 잠겼고, 종종 의미 없는 이상한 말을 큰 소리로 떠들곤 했다. 그러던 중 18세

때 H는 5년 동안 가정을 돌봐 왔던 둘째 누나의 결혼 일정
이 잡히자 머리에 이상이 생겨 2년 전에 그의 아버지가 입원
했던 정신병원에 보내졌다.

마지막으로 H를 보았을 때, 그는 9년 동안 입원하고 있
는 상황이었다. 입원한 이래로 그는 행동이나 진단 면에서
어떠한 분명한 변화도 나타내지 않았다. 그의 단정치 않은
외모, 무감동, 언어적 의사소통의 결핍은 임상적으로 가장
두드러지는 것이었다. 간혹 그는 조화롭지 않고 괴상한 방
식으로 혼자서 웃곤 하였다. 한편, 그는 처음 입원했을 때
하기 시작한 더럽히는 행동을 멈추었다. 그리고 지금은 혼
자서 먹을 수도 있다. 혼자 있을 때면 종이와 연필을 가지고
이상한 종교적인 그림을 그리지만 논리적으로 그것의 의미
를 이야기할 수는 없다. 치료는 그의 상태에 아무런 영향도
미치지 못했고, 그가 반응을 보이던 집단치료 역시 큰 효과
는 없었다. ◆

2. 분열형 성격장애의 진단

1) 분열형 성격장애의 주요 증상

어떤 사람에게 분열형 성격장애 진단을 내리기 위해서는 DSM-5(APA, 2013)에 제시된 9가지 증상 중 최소 5가지 이상이 나타나야 한다. 또한 이러한 증상이 일시적으로 나타났다가 사라지는 것이 아니라 비교적 지속적인 성질을 지녀야 하며, 청소년기 이하의 연령층에 대해서는 성격장애 진단을 내리지 않는 것이 보통이다.

분열형 성격장애를 지닌 사람들은 통상적인 인간관계에 두려움과 불안을 느끼며, 인간관계를 맺고 유지해나가는 데 필요한 능력이나 기술도 매우 제한되어 있다. 또한 이들은 지각이나 사고에 있어서 여러 가지 심각한 왜곡을 경험하고, 일반적인 상식적 기대에 어긋나는 기이한 행동을 빈번히 보인다.

이들은 종종 우연하거나 실제로는 자신과 아무런 관련이 없는 사건에 대해서도 그것이 자신에게 특별한 의미가 있다고 잘못 해석하는 관계망상적 사고를 지닌다. 관계망상적 사고는 관계망상과는 구별된다. 관계망상은 믿음이 망상적 확신에 의해 유지되는 것인 반면, 관계망상적 사고는 그러한 확신이 상대적으로 결여되어 있는 것이다.

이들은 자신이 속한 문화의 규준에서 벗어난 과학적으로 이해할 수 없는 미신적 현상에 집착하며, 자신에게는 특정한 일이 일어나기 전에 미리 감지할 수 있거나 다른 사람의 생각을 읽을 수 있는 특별한 힘이 있다고 믿기도 한다.

이들은 자신이 다른 사람을 마술적으로 조종할 수 있다고 믿는다. 이러한 마술적 조종은 직접 타인의 마음에 명령을 심어주는 방법을 통해 나타나기도 하고예: 배우자가 개를 데리고 산책을 나간 것은 자신이 1시간 전에 배우자가 그렇게 해야 한다고 생각했기 때문이라고 믿는 것, 마술적인 의식을 수행함으로써 간접적으로 나타나기도 한다예: 특정 장소를 세 번 지나가면 어떤 해로운 결과를 피할 수 있다고 믿고 그렇게 행동하는 것.

지각적인 변화 또한 이들이 지니는 특징 중 하나인데, 다른 사람이 함께 있는 것을 느끼거나 다른 사람이 자신의 이름을 중얼거리는 소리를 듣는 것이 그 예다.

이들의 이야기는 일상적이지 않고 어구와 문장 구성이 특이하다. 또한 종종 언어 표현이 산만하고 주제에서 벗어나 있으며 애매모호하지만, 심각한 논리의 비약이나 지리멸렬은 나타나지 않는다. 다른 사람의 말에 대한 대답은 지나치게 구체적이거나 추상적이며, 때때로 단어나 개념을 유별나게 사용하기도 한다.

분열형 성격장애를 지닌 사람들은 종종 의심을 하고 편집중적인 사고를 갖기도 한다. 직장 동료들이 사장을 음해하려는 의도를 가지고 있다고 믿는 것이 그 예다. 이들은 대개 성공적인 인간관계를 맺는 데 필요한 풍부한 감정과 여러 가지 단서를 사용하지 못하기 때문에 종종 인간관계가 부적절하고 뻣뻣하거나 답답해지고 만다.

이들은 괴이하거나 엉뚱하게 보이기도 하는데, 그 이유는 이상한 매너리즘, 어울리지 않는 지저분한 옷차림, 그리고 보편적인 사회적 관습에 대한 부주의 때문이다. 예를 들어, 이들은 다른 사람들과의 눈맞춤을 피하고, 잉크로 얼룩진 맞지 않는 옷을 입고 있으며, 동료들과 농담을 주고받지 못한다.

이들은 다른 사람과 관계를 맺는 데 어려움을 경험하고 관계를 맺는 것 자체를 매우 불편해한다. 비록 주위에 절친한 사람이 부족해서 불행하다고 말하지만, 이들의 행동에서는 친밀한 접촉을 원하지 않고 있음을 읽을 수 있다. 결과적으로 이들은 직계가족 외에 가까운 친구나 마음을 터놓는 친구가 거

분열형 성격장애의 진단기준 (DSM-5, Section II; APA, 2013)

A. 친밀한 대인관계에 대한 고통, 그러한 관계를 맺는 능력의
   결핍에서 드러나는 사회적·대인관계적 손상, 인지적 및
   지각적 왜곡, 기이한 행동 등 광범위한 양상이 성인기 초
   기에 시작되며, 여러 가지 상황에서 다음 중 다섯 개 이상
   의 항목을 충족시키는 경우

   (1) 관계망상적 사고(관계망상은 제외)

   (2) 행동에 영향을 미치며, 하위 문화의 기준에 맞지 않는
       괴이한 믿음이나 마술적 사고(예: 미신, 천리안에 대
       한 믿음, 텔레파시나 육감, 소아나 청소년에게서 보이
       는 기괴한 환상이나 집착 등)

   (3) 신체적 환각을 포함한 유별난 지각 경험

   (4) 괴이한 사고와 언어(예: 애매하고, 우회적이고, 은유
       적이고, 지나치게 자세하게 묘사되거나 상동증적인 사
       고와 언어)

   (5) 의심 또는 편집증적인 사고

   (6) 부적절하거나 메마른 정동

   (7) 괴이하고 엉뚱하거나 특이한 행동 및 외모

   (8) 직계가족 외에는 가까운 친구나 마음을 털어놓을 수
       있는 사람이 없는 경우

   (9) 주로 자신에 대한 부정적인 평가 때문이 아닌 편집증
       적인 두려움 때문에 과도한 사회적 불안이 줄어들지
       않는 경우

B. 조현병, 정신증적 특징을 지니는 양극성 장애나 우울장애,
   기타 정신증적 장애 혹은 자폐 스펙트럼 장애의 발병 경과

중에 발생하는 것이 아닌 경우. 또한 다른 의학적 상태의 생리적 효과로 설명될 수 없는 경우

*주: 위 진단기준이 조현병의 발병에 선행하여 충족된다면 '발병 전'을 추가한다. 즉, 다음과 같이 표기한다. '분열형 성격장애(발병 전)'

의 없다.

이들은 사교적인 자리에서, 특히 친숙하지 못한 사람과의 관계에서 불안과 두려움을 많이 느낀다. 이들은 필요하다면 다른 사람과 만날 수는 있지만, 자신은 그들과는 다르고 어울리지 않는다고 느끼기 때문에 다른 사람들과의 교제를 피하는 경향이 있다.

비록 이들이 많은 시간을 사람들 속에서 보내고 있고, 그 결과로 다른 사람들과 더욱 친숙해진다 하더라도 이들의 사회적 불안은 쉽게 줄어들지 않는다. 그 이유는 이들의 불안이 타인의 동기에 대한 의심에서 나온 것이기 때문이다. 예를 들어, 식사에 초대되었을 때도 분열형 성격장애가 있는 사람들은 시간이 지날수록 마음이 풀리는 것이 아니라 오히려 긴장과 의심을 더욱 증폭시킨다.

2) 분열형 성격장애의 주요 특징

앞서 제시한 증상들은 분열형 성격장애의 진단에 적용되는 일종의 진단기준이다. 이러한 증상들 중 핵심적인 것을 몇 가지 살펴보자. 이를 통해 분열형 성격장애에 대한 이해를 한층 더 넓힐 수 있을 것이다.

(1) 낯설고 비관적인 자기상

분열형 성격장애를 지닌 사람들은 자신이 세상에서 버림받았고 소외당했다고 생각한다. 그들은 인생이 공허하고 의미가 없다는 생각에서 벗어나지 못한다. 또한 자기 자신이 살아 있다기보다는 죽어 있다고 생각하고, 스스로를 낯설고 통합되지 않은 존재로 본다. 사람들과의 관계에 있어서도 자신은 실패할 수밖에 없다고 믿으며, 스스로를 사회에 적합하지 않은 사람으로 생각하는 경향이 있다.

(2) 왜곡된 사고

분열형 성격장애를 지닌 사람들은 외부에서 지각된 정보나 일반적인 사실에 대해 자신만의 특별한 방식으로 사고한다. 이들이 하는 사고는 보통 사람들과 양적으로나 질적으로 매우 다르다. 양적인 면이란 보통 사람에게서도 드러나는 특징이지만 그 정도나 빈도가 일반적인 경우에 비해 훨씬 많은 것을 의미하며, 관계망상적 사고, 의심이나 편집증적 사고가 여기에 속한다. 또한 질적인 면은 일반적인 사람들에게서는 거의 볼 수 없는 특징으로서 괴이한 믿음이나 마술적 사고가 여기에 해당한다.

관계망상적 사고란 인간관계나 일상에서 흔히 일어날 수 있는 일을 자신과 관련지어 그것에 특별한 의미를 부여함으로써 우연히 일어난 사건과 자신을 연관시키려는 것을 말한다. 예를 들어, 버스를 기다리며 서 있다가 함께 기다리던 한 여성과 눈이 마주치게 되는 경우를 생각해보자. 그 여성은 '왜 이렇게 버스가 안 올까?' 또는 '○○가 오늘은 좀 늦네!' 라고 생각하며 주위를 둘러보다가 무심코 다른 사람과 눈이 마주친 것인데, 관계망상적 사고를 지닌 사람은 '저 여자가 나를 좋아하는구나!' 또는 '저 여자가 나를 감시하는 것은 아닐까?' 라고 생각하게 된다.

관계망상적 사고는 망상형 조현병에서 나타나는 관계망상과 구별해야 하는데, 그 차이는 내용적인 측면에 있다기보다 그러한 망상적 사고에 대한 확신이나 그것이 지속되는 시간의 측면에 있다.

의심이나 편집증적인 사고는 인간관계에서 얻을 수 있는 수많은 단서 가운데 자기 자신이 취하기를 원하는, 즉 의심과 관련된 정보만을 선택하여 상황을 파악하는 것을 말한다. 보통 사람들이 인간관계에서 말투나 억양, 상대방과의 평소 관계 등 많은 사항에 비추어 상대방이 하는 말이나 행동의 전체적인 의미를 추론하는 데 반해, 이들은 다른 사람들이 보이는 호의에 대해서조차도 거기에는 숨겨진 다른 의도가 있다고 생각하는 경향이 있다.

예를 들어, 함께 일하는 동료가 반가운 마음으로 "김 대리! 오늘 넥타이가 양복하고 잘 어울리는데!"라고 말했을 때 이러한 사고를 보이는 사람은 '저 사람은 분명 김 대리의 넥타이를 탐내고 훔치려고 하고 있어.' 또는 '저 넥타이로 김 대리를 해칠지도 몰라.'라고 생각할 수 있다.

괴이한 믿음이나 마술적 사고는 보통 사람에게서는 거의 일어나지 않는 사고 유형으로, 이들이 하는 이야기는 일상적이지 않고 허황되며 믿기지 않는 것인 경우가 대부분이다. 예를 들어, 다른 사람이 생각하는 것을 읽을 수 있다거나, 멀리 떨어진 사람과 대화할 수 있는 특별한 힘이 있다거나, 제자리에서 우측으로 세 번 회전하기 혹은 신문에서 '위험'이라는 단어를 모두 지우기 등과 같은 특정한 행동을 하면 해로운 사건을 통제할 수 있게 된다고 믿는 경우가 이에 해당한다.

(3) 특이한 지각 경험

분열형 성격장애를 지닌 사람들은 앞에서 언급한 사고의 왜곡과 더불어 사물이나 정보를 받아들이는 데 있어서 일반 사람들이 경험하지 못하는 지각 경험을 자주 한다. 예를 들어, 작년에 돌아가신 어머니가 따라다니면서 자신이 할 일을 말로 가르쳐준다거나, 건물 안에 있는 사람들이 지금 무엇을 하고 있는지 보인다는 등 독특한 지각 경험을 보고하는 경우를 들 수 있다. 자신의 팔을 타인의 팔처럼 지각하여 마치 자신과 상관이 없는 것인 양 행동하는 경우 또한 이에 해당한다.

(4) 부적절하거나 메마른 정동

분열형 성격장애를 지닌 사람들은 인간관계에서 기본적으로 요구되는 기쁨, 슬픔, 분노, 두려움과 같은 감정을 제대로 경험하지 못할 뿐만 아니라 제대로 전달하지도 못한다. 일반적인 사람들이 감정을 느끼고 전달할 때 상대방의 표정, 억양, 전후 사정, 분위기 등 주변에서 주어지는 단서에 기초하여 반응하는 데 비해, 이들은 매우 편협되고 경직되어 있어서 주변 맥락에 대한 충분한 단서를 취합하지 못한다.

이로 인해 상황에 적절하지 않게 웃거나 멍하니 무표정하게 있는 등의 정서적 반응을 보이게 되고, 타인과의 관계에서 부적절하거나 답답하다는 인상을 주게 된다. 예를 들어, 상갓

집에서 미소를 짓거나 결혼식에 가서 침울한 표정을 보이는 경우가 이에 속한다.

(5) 기괴한 행동과 외모

분열형 성격장애를 지닌 사람들은 상황에 어울리지 않는 행동을 반복적으로 나타내고, 지저분한 외모와 복장 또는 화려하지만 구색과 상황에 맞지 않는 복장을 하기도 한다. 그리고 일반적으로 사람들이 지키는 관습에 관심이 없어 보이고, 경우에 따라서는 이를 완전히 무시하는 것처럼 보이기도 한다. 예를 들어, 한여름에 겨울 코트를 입고 털모자를 쓰고 다닌다든지, 반바지에 양복 상의만 입고 거리를 나서는 경우가 이에 해당한다.

(6) 위축되고 철수적인 인간관계

분열형 성격장애를 지닌 사람들은 다른 사람들과 의사소통하는 데 어려움을 겪는다. 이로 인해 그들은 다른 사람들과 관계를 맺는 것에 대해 상당한 불안감을 가지는 동시에 사람들로부터 철수되어 홀로 고립되는 관계 패턴을 유지하게 된다. 이들은 현실적인 인간관계에서 그 어떠한 만족이나 즐거움도 얻을 수 없기 때문에 점점 더 소외되며, 이러한 소외에서 스스로를 보호하기 위해 점점 더 특이하고 기괴한 사고와 감정 속

으로 빠져들게 된다. 이러한 경향성은 이들을 인간관계에서
더욱 소외되게 만드는 악순환으로 작용한다.

(7) 비현실적 방어 과정

정상적으로 기능하는 사람이든 부적응을 보이는 사람이든
간에 사람들은 모두 정신 내적 · 외적 스트레스에 대해 스스
로를 방어하는 정신적 과정을 발현시킨다. 이러한 방어는 적
응을 위해서는 필수적이다. 다만, 문제는 개인이 사용하는 방
어가 스스로에게 닥친 문제를 해결하는 데 어떤 기능을 하는
가다.

분열형 성격장애를 지닌 사람들은 현실 세계에 살기보다는
과거 또는 공상과 환상 속에 사는 경향이 있다. 이러한 사람들
은 스트레스에 직면하면 그것을 현실 속에서 적절한 방식으로
다루지 못하고, 마술적이거나 신비스럽거나 비논리적이거나
초현실적인 세계로 퇴행하는 방어 방식을 택함으로써 대처하
려 한다. 이들은 자신의 황폐해진 자기가치감에 나름대로의
의미를 부여하기 위해 자신은 특출하며 초자연적인 힘을 가지
고 있다고 믿는다. 또한 이들은 현실에 기초한 활동을 통해
자신의 원초아적 욕구나 충동을 효과적으로 승화시키지 못하
기 때문에 현실 생활 속에서 그 어떠한 성취감도 맛볼 수 없게
된다.

3) 분열형 성격장애의 발생 빈도와 진행 경과

이제 분열형 성격장애와 문화적 특성, 대체적인 발현 시기를 살펴보자. 발생 빈도 및 성별 분포, 가족적 특징과 함께 장애의 진행 과정 등도 살펴볼 것이다.

(1) 분열형 성격장애와 문화적 특성

몇몇 다른 성격장애와 마찬가지로 분열형 성격장애도 개인의 문화적 배경을 고려하여 평가해야 한다. 특정한 문화권에서는 수용되는 특징이 이에 대한 제대로 된 인식과 지식이 없는 이방인에게는 분열형 성격장애로 보일 수도 있다. 특히 종교적 의식과 관계되는 부두교의 방언, 죽음 뒤의 삶, 샤머니즘, 독심술, 육감, 악마의 눈 등에 대한 믿음은 더욱더 문화상대적 관점에서 평가해야 한다. 그 밖에 건강 및 질병과 관련되는 마술적 믿음 등도 문화적 맥락을 고려해야 한다.

(2) 분열형 성격장애의 발현

분열형 성격장애는 사회적 불안, 고립, 빈약한 친구관계, 학교성적 저하, 과민성, 특이한 사고와 언어 그리고 기괴한 공상이 나타나면서 아동기와 청소년기에 처음으로 시작한다. 이러한 아동은 괴상하거나 엉뚱하게 보여 또래 및 다른 사람

들의 놀림감이 되기 쉽다. 그러나 불안정한 청소년기에 나타
날 수 있는 분열형 양상은 지속적인 성격장애라기보다는 일시
적인 정서적 혼란의 표현으로 볼 수도 있기 때문에 청소년기
에 이러한 특징을 나타낸다고 해서 곧바로 분열형 성격장애로
진단하는 것은 적절하지 않다.

분열형 성격장애는 대략 일반 인구의 약 3.9%에서 발생한
다고 보고되고 있다. 하지만 조사에서 사용한 표본에 따라 유
병률은 0.6~4.6%로 다양하다. 임상 전집의 경우에는 0~
1.9%로서 매우 드문 것으로 알려져 있다. 성별과 관련해서는
대체로 여성보다 남성에게서 약간 더 많은 것으로 보고되고
있으나 정확한 자료는 알려져 있지 않다.

(3) 분열형 성격장애의 가족적 특징

분열형 성격장애를 지닌 사람에게는 같은 장애를 지닌 가
족이나 친척이 있는 경우가 많은 것으로 보고되고 있으며, 특
히 조현병 환자의 직계가족 가운데서 분열형 성격장애가 많이
발생한다. 또한 분열형 성격장애를 지닌 사람들의 친척에게
서 조현병과 기타 정신증적 장애를 가진 경우가 많이 보고되
고 있다.

(4) 분열형 성격장애의 진행 경과

분열형 성격장애는 비교적 안정된 상태로 유지되며, 소수
만이 조현병이나 다른 정신증적 장애로 발전된다. 분열형 성
격장애를 지닌 사람들을 장기간 추적한 연구에 따르면, 이들
중 상당수는 분열형 성격장애와 분열성 성격장애를 유지하는
것으로 밝혀졌다. 하지만 분열형 성격장애의 자세한 진행 경
과에 대한 연구는 매우 미흡한 상태이기 때문에 그에 대한 확
증적 결론을 내릴 수는 없다. ◆

3. 분열형 성격장애의 유형

기본적인 성격 구조에 결함이 있는 것으로 간주되는 편집성 성격장애 및 경계선 성격장애와 마찬가지로, 분열형 성격장애를 지닌 사람들 역시 정상적인 생활을 영위하는 데 매우 큰 어려움을 겪을 수 있다. 이런 성격장애를 지니고 있는 사람들의 경우 정상적인 생활 기능을 수행할 가능성이 비교적 낮기 때문이다.

분열형 성격장애에도 여러 가지 유형이 있다. 여기서는 분열형 성격장애의 여러 하위 유형 중 대표적인 2가지 유형을 살펴보고, 다른 심리적 장애와는 어떤 연관이 있는지를 살펴보기로 한다.

1) 하위 유형

(1) 회피형 분열형 성격장애

이 유형은 다음에서 소개할 냉담형에 비해서는 덜 심각한 유형으로, 이 유형에 속하는 분열형 성격장애 환자들은 억제적이고 고립적이며, 염려와 걱정에 가득 차있고, 조심스러우며 매우 위축되어 있다. 이 유형에 속하는 사람들은 인간관계에서 일어나는 고통과 분노로부터 스스로를 방어하기 위해 자신의 감정과 욕구를 없애거나 충동을 봉쇄하거나, 인간관계에서 철수하려고 한다. 하지만 이들은 냉담형에 속하는 환자들처럼 표면적인 냉담함이나 외관상으로 보이는 무관심은 나타내지 않는다.

이들은 사회적 고립에 더하여 스스로의 가치를 평가절하하는 경향이 있다. 또한 이들은 자신의 감정이나 욕구로부터 스스로를 격리시키거나 그런 감정 혹은 욕구가 자신의 것이 아니라고 부인하기도 한다. 이들은 종종 자포자기 상태에 빠져 버리기도 하는데, 이러한 경향성 때문에 이들은 자신의 인간적 가치가 땅에 떨어지고 품위를 잃고 분열되며, 산산이 흩어지는 느낌 및 무가치감 혹은 굴욕감을 갖기도 한다.

애정과 안락함을 얻고자 하는 희망을 거의 갖지 않는 회피형 분열형 환자들은 진정한 감정과 열망을 거부하는 것이 최선의 방법임을 경험을 통해 학습한다. 이들의 인지 과정은 합리적인 사고를 불신하거나 옳지 않다고 부인하는 노력 속에서 혼란의 길을 걷게 된다. 외부 세계가 늘 자신에게 뭔가를 계속 강요하고 있다고 믿는 이러한 유형의 환자들은 현실로 돌아가는 것을 두려워하기 때문에 현실 세계에 동참하기보다는 자신만의 환상적인 세계로 빠져들기도 한다.

이들이 특징적으로 지니는 조화롭지 않은 정서와 부적절하고 겉도는 생각, 소심함 때문에 이들은 사회에서 점점 더 고립되어 가며, 그렇게 될수록 사회에 동참하는 능력을 점점 더 상실하게 된다. 이러한 면에서 이들의 성격적 기이함은 자신이 쌓아 놓은 고립과 편협함이라는 벽이 만들어낸 것이라고 볼 수 있다.

냉담형 분열형 환자들처럼 이들은 자신의 무가치성에 대한 압도적인 공포와 곧 닥쳐올 것 같은 무존재감에 온통 신경을 집중하게 된다. 이들은 스스로를 평가절하하고, 자신의 세계를 스스로 축소하며, 자신의 정서적 민감성을 마모시킴으로써 공허감과 비현실의 세계에서 한 발짝도 빠져나올 수 없게 된다.

이들은 또한 기괴한 행동과 환각적인 이미지를 이용하여 다른 사람들의 주의를 끌고, 이를 통해 자신이 살아 있는 존재임을 확인하려는 비정상적이고도 비합리적인 책략을 되풀이할 수 있다. 즉, 기괴한 행동을 보임으로써 자신의 존재를 확인하고자 하는 것이다. 이들은 또한 자기 자신이 스스로에 대해 느끼고 있는 것처럼 공허한 망상이나 떠다니는 로봇이 아닌 실재하는 존재라는 것을 증명하기 위해 기괴한 행동을 나타내는 것으로 볼 수 있다.

하지만 자신의 불안을 잠재우기 위한 이와 같은 노력은 성공하기보다는 실패로 끝날 가능성이 크다. 따라서 이들은 미신이나 마술 그리고 텔레파시 등과 같은 가상 세계로 들어가게 된다. 이러한 가상 세계는 이들의 상상으로 만들어낼 수 있으며, 이들이 상상해낸 안전하게 관계를 맺을 수 있는 사람과 사물의 가상공동체를 제공하는 장으로 기능한다.

(2) 냉담형 분열형 성격장애

회피형에 비해 한층 더 심각한 것으로 간주되는 냉담형에 속하는 사람들은 현저하게 무감각하거나 종종 마음과 육체 간의 분리를 경험하기도 한다. 이들은 이인화depersonalization를 경험하거나 스스로를 정체감을 상실한 물건처럼 여기거나, 마치 자신이 존재하지 않는 것 같은 스스로에 대한 낯선 감각을 경험하기도 한다.

이 유형에 속하는 환자들은 행동적인 측면에서 생기가 없고 나태하며, 표현이 거의 없는 경향이 있다. 그들은 외부 세계에서 벌어지는 일들에 둔감하고, 무언가를 하려는 동기를 전혀 갖고 있지 않으며, 다른 사람들에게 무관심하고, 지루함 이외에 생동감 있는 감정을 경험하지 않으며, 특이한 외모를 가지고 있다.

인지적 측면에서 이 유형의 사람들은 모호하고 곁길로 새는 것처럼 보이며, 인간관계와 정서적인 경험에 무감각으로 일관한다. 또한 이들은 외부 자극에 대해 극소의 반응만을 하거나 특이한 생각 혹은 부적절한 감정을 느끼거나, 확산적이고 혼란스러운 방식으로 대화를 한다. 종종 혼자서 말하거나 아무 말도 하지 않으며, 무슨 말을 하더라도 그 뜻을 알아듣기 어렵다. 이들은 항상 장면의 중심부에 서지 못하고 주변을 서성거리거나 배회하며, 배경에 가려져 타인의 눈에 띄지 않는 이상한 사람으로 보이기도 한다. 전형적으로 냉담형에 속하는 환자들은 대부분 조현병과 밀접한 연관이 있고, 때로 조현병으로 발전하기도 한다.

냉담형 환자들은 종종 죽음이나 자기상실감 또는 돌처럼 굳어버리는 듯한 공포로 인해 강한 두려움을 경험하기도 한다. 세상에서 분리되고 자신의 감정에 둔감한 이러한 환자들은 메마르거나 차갑고 생명력 없는 것을 지나쳐 무서운 무가치감의 위협을 받기도 한다. 자아상실이라는 불행은 이들을 멀리 떨어져 있는 사람과 대화할 수 있는 기괴한 텔레파시 능

력이나 관계망상적 사고 또는 환각을 경험하게 하는 기괴한
정신병적 상태로 뒤덮이게 할 수도 있다.

무가치감에 잠기면서 이들은 자신이 더 이상 특정한 존재
가 아닌 사물이 되는 것 같은 느낌을 갖게 되고, 그로 인해 자
신이 산산이 부서지는 것을 경험하기도 한다. 이러한 극적 무
가치감에서 비롯되는 불안은 이들을 실제 또는 공상적인 아무
일에나 매달리도록 만든다. 전체적으로 제압당한 감정에 다
다르면 이들은 자신이 발견할 수 있는 감정이나 의미가 무엇
이든 간에 끈질기게 매달리거나 주변으로 탓을 돌리면서 필사
적으로 자신의 존재를 확인하려고 노력한다.

종종 이 유형의 환자들은 지나치게 많은 자극과 직면하게 될
때 정신증적 장애로 발전할 수 있다. 고통과 불행을 경험하고
있는 이들에게 자신이 감내할 수 있는 것보다 더 많은 압력 및
책임을 부과하면 이들은 광적인 활동에 매달리게 되고, 그저
'은둔'하거나 잠적해버리거나, 의식에 대한 인식을 상실함으
로써 외부 세계의 압력을 철저하게 차단하게 될 수도 있다.

2) 다른 심리장애와의 관계

분열형 성격장애를 지닌 아동과 심한 사회적 고립, 엉뚱함,
언어의 특이성이 특징인 가벼운 자폐 스펙트럼 장애, 그리고

표현성 언어장애를 지닌 아동을 구별하기는 매우 어렵다. 가벼운 자폐 스펙트럼 장애는 감정의 상호 교류의 결핍, 상동증적 행동과 무관심으로 구별할 수 있고, 언어장애는 몸짓 같은 다른 수단으로라도 의사소통을 해보려는 노력과 언어장애가 우선적으로 존재한다는 점으로 구별할 수 있다.

분열형 성격장애는 만성적인 물질 사용에 따른 증상이나 일반적인 의학적 상태에 따른 성격 변화와 구별되어야 한다. 편집성 성격장애와 분열성 성격장애 둘 다 사회적인 고립과 제한된 정서반응을 가지는 것이 특징이지만, 분열형 성격장애는 인지적 · 지각적 왜곡과 심한 엉뚱함 혹은 괴상함이 있다는 점에서 앞서의 두 장애와 구별된다.

회피성 성격장애도 분열형 성격장애와 마찬가지로 친밀한 관계를 갖기가 어렵다. 그러나 회피성 성격장애는 대인관계에의 욕구를 지니면서도 거절에 대한 두려움 때문에 관계를 회피하는 반면, 분열형 성격장애는 대인관계에 대한 욕구가 부족하고 지속적으로 고립된다는 것이 특징이다.

경계선 성격장애는 스트레스에 대한 감정 반응으로 일과적인 정신증적 증상과 비슷한 증상을 보인다. 하지만 분열형 성격장애는 스트레스를 받으면 더욱 악화되는 지속적인 정신증적 증상과 비슷하면서도 감정적인 반응과는 관계가 없는 증상을 갖는 경향이 있다. 경계선 성격장애에서도 사회적 고립이

나타날 수 있지만, 이것은 분열형 성격장애에서 보이는 친밀
함에 대한 욕구의 결여라기보다는 분노 발작이나 잦은 감정
변화로 반복되는 대인관계의 실패 때문에 생긴 결과다.

    분열형 성격장애와 경계선 성격장애의 특성을 모두 가지
고 있는 환자를 대상으로 한 추적 연구에 따르면, 기이하거나
비논리적인 사고, 의심 그리고 사회적 고립이 조현병의 발병
을 예언한다고 한다. 또한 분열형 성격장애로 진단받은 환자
중 절반 이상이 적어도 한 번 이상의 주요 우울증 삽화의 과
거력을 가지고 있으며, 30~50%가 병원에 입원했을 때 주요
우울장애 진단을 함께 받았다. ◆

4. 분열형 성격장애의 원인

1) 배경요인

분열형 성격장애는 기본적으로 덜 심각한 장애로 알려진 분열성 성격장애와 회피성 성격장애의 증상을 더 심각한 형태로 합쳐놓은 것이라고 이해할 수 있다. 따라서 분열형 성격장애는 이러한 2가지 성격장애의 발달에 작용하는 배경요인을 공유하는 경향이 있다.

분열형 성격장애를 지닌 사람들의 성장 배경 가운데 특히 눈길을 끄는 것은 이들이 부모에게 무관심과 무시를 받으며 성장한다는 것이다.

이들은 기질적으로 외부 자극에 수동적인 반응 패턴을 나타내는 것으로 알려져 있는데, 이러한 수동적 반응 패턴은 외적 환경에서 발달에 필요한 풍부한 자극을 이끌어내는 데 비효율적이며, 따라서 부모에게서도 별다른 관심과 주의를 받지 못한다. 이로 인해 이들은 부모와 긴밀한 상호작용을 하지 못하며, 그에 따라 건설적인 인간관계를 맺는 데 필요한 기본적인 애착행동을 학습할 기회를 갖지 못한다.

분열형 성격장애를 지닌 사람들의 성장 과정상의 또 한 가지 특징은 이들이 속한 가정의 분위기다. 이들이 어렸을 때의 가정의 분위기는 가족구성원 간의 교류가 별로 없어서 냉담하고, 의사소통도 단절되어 있는 경우가 많다. 그 결과 이들은 다른 사람들과 관계를 맺는 것에 대한 강화를 받지 못하고 자라나며, 실제 인간관계 장면에서 발휘할 수 있는 의사소통 기술도 제대로 학습하지 못하게 된다.

이러한 장애를 지닌 사람들은 어린 시절에 부모나 형제에게서 무시 또는 비난, 모욕을 받으며 자라난 경우가 많다. 이러한 경험을 지닌 아동이나 청소년은 자기 스스로에 대한 존중감이 낮아지고, 스스로를 비하하고 격하시키며, 사람들에 대한 기본적인 불신을 발달시키게 된다.

이들은 인간관계에서 생기는 갈등을 해결하는 데 필요한 갈등 해결 방법을 제대로 학습하지 못했기 때문에 또래에게서 받게 되는 무시나 비난을 제대로 해결하지 못한다. 특히 이들이 다른 사람들의 비난이나 조롱으로부터 스스로를 보호하기 위해 나타내는 행동은 맥락에 맞지 않거나 부적절하기 때문에 주위의 더 큰 비난과 조롱을 불러일으키는 악순환을 되풀이하게 만드는 경우가 많다. 그 결과로 이들은 더욱더 사람들에게서 철수하게 되거나 사람들과 관계 맺는 것을 한층 더 두려워하게 되며, 사람들에 대한 불신을 지속적으로 발달시켜나가고, 자기 자신을 더욱 비하하게 된다.

2) 분열형 성격장애에 대한 이론적 설명

분열형 성격장애가 왜 발생하는지와 관련한 이론적 설명은 매우 빈약하다. 이러한 심각한 장애에 대해 체계적인 설명을 시도한 이론이 거의 없을 뿐만 아니라, 그나마 그러한 시도를 하는 이론조차도 내용이 빈약하기 그지없다. 인지치료 이론에서 극히 초보적이나마 분열형 성격장애에 대해 나름의 설명을 시도하고 있을 뿐이다.

(1) 자동적 사고와 역기능적 신념

분열성 성격장애에 대한 이론적 설명 부분에서도 언급하였지만, 인지치료 이론은 특정한 심리적 장애나 증상의 이면에 그러한 장애 및 증상을 초래하는 부정적인 내용의 자동적 사고 혹은 역기능적 신념이 기저해 있다고 본다. 이는 분열형 성격장애의 경우에도 마찬가지다.

인지치료 이론가들이 제안하는 분열형 성격장애에 기저하는 자동적 사고와 역기능적 신념의 내용을 살펴보면 다음과 같다.

- 나는 다른 사람들이 무슨 생각을 하는지 다 안다.
- 무언가 나쁜 일이 일어날 것 같은 느낌이 든다.
- 나는 사람들이 나를 좋아하지 않는다는 것을 알고 있다.
- 나는 상대방의 마음속에 사악한 악마가 도사리고 있다는 것을 감지할 수 있다.
- 나는 존재하지 않는 사람이다.
- 세상은 매우 위험하기 때문에 항상 사람들을 주의 깊게 살펴보고 경계해야 한다.
- 사람들은 기회만 있으면 나에게 해를 입히려 할 것이다.
- 모든 일에는 필연적인 이유가 있으며, 우연히 일어나는 일이란 없다.
- 내가 느끼는 감정은 앞으로 무슨 일이 벌어질 것인지를 미리 예언해주는 신호다.
- 사람들과 관계를 맺는 것은 매우 위험하다.
- 나 스스로가 마치 내가 아닌 것처럼 느껴진다.

(2) 정서적 추론

인지치료 이론에서는 분열형 성격장애를 지닌 사람들이 갖

4. 분열형 성격장애의 원인 ✳ 127

는 사고 상의 특이성에 대한 한 가지 원인으로 정서적 추론 emotional reasoning을 들고 있다. 이것은 부정적인 내적 상황이 부정적인 감정을 갖고 있기 때문에 존재한다는 것이다.

하지만 단지 특정한 감정을 느낀다고 해서 그 감정이 반드시 사실을 의미하는 것은 아니다. 예를 들어, 공포를 느끼는 것이 자동적으로 위험이 존재함을 의미하는 것은 아닌 것과 같다. 따라서 이들은 자기 자신의 생각을 자신의 감정이 아닌 현실적 증거에 비추어 평가할 수 있어야 한다. 이를 통해 대인관계 상황에서 내리는 부정적인 결론과 정서적 추론을 줄일 수 있다.

(3) 개인화

분열형 성격장애를 지닌 사람들은 또한 개인화personalization를 잘한다. 예를 들어, 이들은 그럴 만한 상황이 아닐 때도 자신이 책임을 져야 한다고 믿는다. 자꾸 개인화를 하다 보면 현실에서 어떤 일이 발생했을 때 그 일의 결과가 어떻게 될 것인지를 객관적으로 평가하고 예측하는 데 어려움을 겪게 된다. 따라서 이들은 현실에서 벌어지는 일에 대해 개인화를 하는 대신, 보다 현실적이고 객관적인 평가를 할 수 있도록 도움을 받아야 한다. ◈

5. 분열형 성격장애의 치료

분열형 성격장애를 지닌 사람들은 자발적으로 치료를 받으려는 동기가 거의 없다. 따라서 흔히 가족이나 법적 체계에 의해 강제적으로 치료에 임하게 되는 것이 보통이다. 다음에서 소개하는 것은 분열형 성격장애의 치료 기법이다.

1) 심리치료

분열형 성격장애를 지닌 사람들이 나타내는 증상은 매우 다양하고 개인마다 차이가 있기 때문에, 효과적인 심리치료를 위해서는 이들이 어떤 증상이나 문제를 가지고 있는지 정확하게 평가하는 것이 매우 중요하다. 이러한 평가 작업을 통해 이들이 나타내는 증상을 보다 정확하게 이해할 수 있게 되고, 구체적인 치료 목표와 전략을 수립할 수 있게 된다.

🔑 평가를 위한 구체적인 질문

1. 당신 주위에서 실제로 당신에 대해 비평하는 사람들을 본 적이 있습니까? 그렇다면 당신은 어떻게 그들이 당신에 대해 이야기하고 있다는 것을 알 수 있습니까?

2. 당신이 방에 들어갈 때 사람들이 대화를 멈추거나 다르게 행동하기 시작합니까? 이런 일이 자주 있습니까?

3. 당신은 때때로 공공장소에서 낯선 사람들이 당신에 대해 이야기하거나 당신을 주시하고 있는 것처럼 느낍니까?

4. 어떤 사람들은 텔레파시에 대해 이야기합니다. 즉, 그들은 스스로 상대방이 생각하는 것이 무엇인지 감지할 수 있거나 미래를 예견할 수 있다고 여깁니다. 당신은 이와 같은 경험을 해 본 적이 있습니까? 있다면 얼마나 자주 경험합니까? 이러한 경험들이 당신의 생활에서 중요한 일부분이 되었습니까?

5. 당신은 미신을 믿습니까? 이것이 당신이 결정을 내리는 데 영향을 줍니까? 당신의 친구들이나 가족도 이러한 미신을 믿습니까?

6. 어떤 사람들은 자신이 단지 생각만으로 게임의 결과나 날씨에 영향을 줄 수 있다고 믿습니다. 당신 역시 생각만으로 어떤 일을 일으킬 수 있다고 믿습니까?

7. 당신은 저주, 예언, 주문, 마법, 요술 또는 이와 비슷한 것들을 믿습니까?

8. 당신은 가까이에 어떤 특별한 힘이나 존재가 있다고 느껴 본 적이 있습니까? 이런 느낌을 일으키는 것이 무엇이라

고 생각합니까? 이것이 당신에게 자주 일어납니까?

9. 당신의 주위가 평상시와 다르게 보인 적이 있습니까? 그것을 묘사해보시겠습니까? 무엇이 이러한 것을 일으킨다고 생각하십니까?

10. 이상하거나 신기한 지각 경험을 한 적이 있습니까? 예를 들어, 누군가의 얼굴이나 몸이 갑자기 다른 모양이나 형태로 변하는 것을 본 적이 있습니까?

11. 당신은 당신 자신을 이용하기 위해서 친구인 체하는 사람들을 겪어본 적이 있습니까? 있다면 구체적으로 어떤 일이 있었습니까?

12. 당신은 사람들이 말하는 그 자체가 아닌 그들이 실제로 의도하는 것이 무엇인지 알아내려고 노력하는 편입니까?

13. 사람들이 당신을 비판하지 않았음에도 당신이 그들에게 공연히 화를 낸다는 이야기를 들은 적이 자주 있습니까?

14. 가족 이외에 당신이 신뢰할 수 있는 가까운 친구들이 있습니까?

15. 당신은 대체로 주위에 사람들이 있으면 불안합니까? 무엇이 당신을 예민하게 만듭니까? 그것은 당신을 얼마나 혼란스럽게 만듭니까?

구체적인 평가를 위한 질문에 대한 내담자의 반응을 토대로, 치료자는 내담자에게 있어서 어떤 증상이 두드러지는지를 평가할 수 있어야 한다. 평가 결과, 만일 환각이나 망상 또는 사고장애 등과 같은 정신증적 증상이 두드러진다면, 치료의 최우선 목표는 당연히 정신증적 증상의 완화에 두어야 한다.

분열형 성격장애 환자들의 치료는 체계적이고 지지적이며, 사회적 기술을 가르치는 것에 초점을 둘 때 가장 효과적이다. 이들은 사회에서 유리되어 현실과의 접촉을 상실하는 위험에 자주 처하게 되는데, 이는 이들에게 그 어떠한 사회적 활동도 포기하도록 만들기 쉽다. 따라서 치료는 이들이 효과적으로 사회활동을 할 수 있도록 필요한 사회적 기술을 가르치는 데 역점을 두어야 한다.

치료자는 내담자의 이상행동에 제한을 두어야 하며, 단편적인 방어를 위한 많은 요구에 무조건 순응해서는 안 된다. 대신 통제와 조절을 위한 내담자의 노력에 많은 지지 및 강화를 제공해야 한다. 결국 치료적 개입은 이들에게 분명하고 현실적인 방식으로 사고할 것을 요구하는 형태로 제공되어야 한다.

또한 분열형 성격장애를 지닌 내담자들은 종종 사회적 고립을 매우 고통스럽게 경험하기 때문에, 사회적 망을 개발하고 유지시키는 능력을 향상하는 것이 효과적인 치료 방략이 된다. 한편, 입원치료는 꼭 필요한 경우에 한정해야 하며, 그것도 단기적으로 이루어져야 한다. 병원 환경은 사회에서의 고립과 보상 철회, 그리고 현실 세계로부터의 분리를 초래함에 따라 이들을 더욱더 기괴한 생각에 몰두하도록 만들 수도 있기 때문에 장기 입원은 바람직하지 않다.

건강염려증은 이런 내담자들이 지니는 또 하나의 문제다. 그러나 인간관계가 성공적일수록 대부분의 신체 증상은 자동으로 사라지게 된다.

분열형 성격장애를 지닌 내담자들과의 면담에서는 대체로 비현실적인 말과 기괴한 생각이 많이 나오게 된다. 이때 치료자는 공감적이어야 하며, 자신이 그들의 내면세계를 이해하고자 한다는 것을 보여주어야 한다.

치료 과정에서 내담자에게 변화에 대한 압력을 너무 심하게 주거나 내담자가 지닌 비현실적인 생각 혹은 지각에 그들을 너무 심하게 직면시키는 것은 바람직하지 않다. 대신 내담자에 대한 일관된 수용과 지지는 이런 유형의 내담자와 작업할 때 가장 중요한 치료적 수단이 된다. 내담자에 대한 일관된 지지의 분위기 속에서 내담자에게 필요한 사회적 기술을 하나씩 차근차근 가르치는 것이 필요하다. 이때 한 가지 주의할 점은 치료자가 지나치게 의욕적이거나 조급해하면 곤란하다는 것이다.

이들에 대한 치료는 내담자의 가족이 참여할 때 더 효과적일 수 있다. 따라서 치료자는 가족이 치료 과정에 참여할 수 있도록 노력해야 한다. 내담자는 가정환경에서 자신의 병리적 욕구와 직면할 수도 있고, 가족의 도움 없이는 생활을 영위하지 못할 수도 있기 때문이다. 따라서 가족이 지지적이라면 가족의 도움은 매우 큰 성과를 만들어낼 수 있다.

분열형 성격장애를 지닌 내담자는 치료자의 개입에 적절한 반응을 하기보다는 이상하고 의미 없는 대화를 반복하는 경향이 있다. 이런 일이 되풀이되면 치료자는 지루해지거나 좌절하여 위축되기 시작한다. 또한 이들은 약속된 치료 시간에 제대로 나타나지 않을 수도 있는데, 이 또한 치료자를 짜증스럽게 만들거나 좌절하게 만들 수 있다.

또한 이러한 내담자가 지닌 사고 상의 병리로 인해 치료자는 마치 내담자가 현실 속에 존재하지 않는 것처럼 느낄 수도 있다. 즉, 치료자는 관계가 단절된 것처럼, 혹은 자신이 현실이 아니라 내담자의 방어체계 안에 기반을 둔 이상한 세계에 참여하고 있는 것처럼 느끼게 된다는 것이다. 이럴 때일수록 치료자는 내담자가 그들 자신의 감정과 지각을 통합할 수 있도록 현실적인 치료 환경을 제공할 필요가 있다.

2) 약물치료

어떤 연구자는 분열형 성격장애를 동일한 지각적 및 정서적 증상을 수반하는 조현병의 비교적 가벼운 형태로 보는 경향이 있다. 즉, 조현병의 다소 약화된 상태가 분열형 성격장애라는 것이다.

이런 논리에 따라 조현병에 처방하는 약물을 분열형 성격장애의 치료에도 처방하는 경향이 있는데, 이때 처방하는 약물은 조현병의 경우보다 소량이다. 혹은 일반적으로 조현병의 양성 및 음성 증상에 처방하는 리스페리돈risperidone이나 오란자핀olanzapine 등을 사용하기도 한다.

분열형 성격장애의 증상 중 타인을 비난하는 경향성, 근거 없는 의심, 불쑥 터뜨리는 분노, 반복되는 대인적 갈등의 경향성 등을 감소시키기 위해서는 소량의 뉴로렙틱스neuroleptics를 투여하는 것이 다소 효과가 있다는 보고도 있으나, 이러한 약물의 사용으로 원치 않는 부작용을 경험할 수도 있기 때문에 처방에는 신중할 필요가 있다. 이 외에도 정서적 불안정성에 대해서는 항우울제나 세라토닌제를, 극심한 불안에 대해서는 세라토닌제를 처방하면 효과를 볼 수 있다는 견해도 있다.

약물의 사용은 항상 부작용을 수반할 수 있기 때문에 처방에 신중을 기할 필요가 있다. 특히 기괴한 증상을 보이기는 하지만 정신병적 에피소드를 나타내지는 않는 좀 더 잘 기능하는 분열형 성격장애 환자의 경우 약물을 처방할 필요성이 그만큼 줄어든다고 볼 수 있다. ◆

6. 치료 사례

분열형 성격장애에 대한 치료가 어떤 방식과 과정을 거쳐 진행되는지 예시하기 위해 벡과 프리만(Beck & Freeman, 1990)이 소개한 치료 사례 중 일부를 발췌하여 제시한다.

오랫동안 정서장애를 앓아 온 45세의 F씨가 치료를 받으러 왔다. 그는 예전에 자기 자신도 기억하지 못하는 에피소드 때문에 두 번 입원했다. F는 이 사건들을 부인했지만, 그의 동생은 F가 자신을 위협했다고 주장했다. 그는 혼자 살았고 스스로를 아주 고독한 존재라고 서술했다. F는 대학을 마치면 직업을 가질 포부를 가졌음에도 오랫동안 일을 하지 않았다. 그는 극단적인 성향의 정치단체에 속해 있는 것을 제외하고는 아무런 사회적 교제를 하지 않았고, 다만 가끔 자신과 비슷하게 고립된 것처럼 보이는 사람들과만 교제하였다.

때때로 그는 종일 집을 나가 있기도 했지만, 대개는 집에 있으면서 잠을 자거나 TV를 보았다. 그는 다른 사람들이 자신을 뚫어져라 보지 않는 밤에 외출하기를 좋아했다. 그의 아파트는 지저분했고 정돈되어 있지 않았다. F는 일생을 피상적으로 살았으며, 결코 인생에 완전하게 참여하지 않았다고 보고했다. 면담 초기에 그는 다음의 증상을 보고했다.

- 정서적 측면: 슬픔, 사회불안
- 생리적 측면: 사교적 상황에서 가슴이 두근거림, 땀을 흘림
- 인지적 측면: 자신의 생활이 얼마나 실패한 것인가에 대한 자동적 사고, 그것을 향한 타인의 반응에 대해 갖는 불안한 생각
- 행동적 측면: 거의 완전한 사회적 고립, 겉도는 말, 드문 시선 접촉

치료에 있어서 첫 목표는 그의 사회불안을 감소시키고 직장을 찾게 하는 것이었다. 그의 사회적 부적절감이 처음부터 명확했음에도, 치료자는 이것을 다루기 전에 치료적 관계가 형성되고 다른 목표가 진전될 때까지 기다리는 편이 낫다고

판단했다.

F는 사회불안을 다루기 위해 인지 모델을 통해서 자동적 사고를 수정하는 방법을 배웠다. 그 과정에서 몇 가지 생각은 기괴한 것으로 평가받았으며, 이런 것들은 '부적절한 자동적 사고'라고 불렸다. 이러한 사고가 일어날 때, F는 단순히 그것을 더 생각할 가치가 없는 것이라고 생각했다.

다음은 사회적 상호작용에 대한 F의 기이한 생각이 나타난 회기의 내용이다.

치료자: 이번 주는 어떻게 지냈나요?

내담자: 뒤죽박죽이었어요. 이번 주에 다른 정치단체 회원 중 한 명과 모임에 갔어요.

치료자: 어땠어요?

내담자: 잘 됐죠. 그는 좋은 녀석이고 나를 좋아하는 것 같아요. 그러나 모임에서 어떤 여자에게 마음을 뗄 수가 없었어요. 나는 계속해서 그녀와 함께 사는 것을 상상했어요.

치료자: 그 생각이 모임에서 당신의 상호작용을 방해했나요?

내담자: 예. 나는 그녀에게 말하고 싶지 않았어요. 왜냐하면 내가 무엇을 생각하고 있는지 그녀가 알고 있다

　　　　는 것을 내가 알기 때문이죠.

치료자: 어떤 증거로 당신은 그렇게 생각하죠?

내담자: 그것은 단지 이상한 예감이었죠. 나는 그녀를 쳐다
　　　　보았고, 그녀도 나를 보았어요. 그러고 나서 나는
　　　　그녀가 나를 읽고 있다고 느꼈죠.

치료자: 그녀가 당신에게 무슨 말을 했나요?

내담자: 모임 후에 그녀는 "안녕히 가세요."라고 말했지만
　　　　곧 다른 사람들에게 말을 건네려고 갔어요. 나는
　　　　그녀가 나의 불안을 혐오하고 있다고 생각했죠.

치료자: 그녀는 당신에게 부정적인 어떤 것도 말하지 않았
　　　　고 당신에게 친근하게 인사를 한 거죠. 무엇이 당
　　　　신에게 그녀가 부정적인 반응을 하고 있다고 생
　　　　각하게 만들었나요?

내담자: 나는 정말로 그것을 인식할 수 있어요.

치료자: 다른 사람들의 생각을 알아채는 것과 관련해서 우
　　　　리가 말했던 것을 기억해봅시다. 우리가 때때로
　　　　말로 하기 어려운 다른 사람의 반응에 대한 단서
　　　　를 뽑아내는 것은 사실이에요. 하지만 이 감정은
　　　　주로 우리가 생각하고 있는 것의 반영임을 기억
　　　　해야 해요. 무슨 말인지 아시겠어요?

내담자: 물론 그렇게 생각해요. 하지만 사실로 느껴지는

걸요.

치료자: 글쎄요. 감정은 실제지만 그것이 정확한 자료를 근거로 하고 있나요?

내담자: 그것이 내가 그렇게 느꼈던 이유였다고 나는 생각해요.

치료자: 물론 당신은 당신 자신의 감정에 대해 가정을 하지만 그런 불안한 감정이 당신에 대한 그녀의 반응을 두려워한 결과는 아니죠?

내담자: 나는 그것이 어떻게 될 수 있는지 알아요. 하지만 그녀의 반응이 부정적인지 아닌지 내가 어떻게 말할 수 있죠?

치료자: 좋은 질문이에요. 당신이 어떻게 말할 수 있는지 한번 봅시다. 감정은 당신이 생각한 것에서 나온 결과이므로 감정이 아닌 합당한 단서를 찾아보죠. 하지만 누군가가 무엇을 생각하고 있는지 확실히 알 수는 없다는 것을 기억해야 해요. 좋아요, 무슨 단서가 있죠?

내담자: 나는 그들이 말한 것을 그저 가정하죠. 만약 그들이 나를 좋아한다고 말한다면, 그들이 말하지 않아도 나는 그들이 무엇을 생각하는지 알아요.

치료자: 그거 매우 반가운 소리네요. 그러나 조심스럽게 살

펴보죠. 만약 누군가가 당신에게 무언가에 대해 직접적으로 긍정적이거나 부정적이게 말한다면, 이것은 단지 그들이 생각하는 것이라고 가정하는 편이 그럴 듯할 거예요. 당신이 의미하는 것이 그런 것인가요?

내담자: 음···. 만약 그들이 그렇게 하지 않는다면 나는 그들이 나를 좋아하지 않는 것이라고 생각할 수 있죠.

치료자: 다음 부분을 더 자세히 살펴볼 필요가 있겠군요. 만약 그들이 당신에게 아무것도 말하지 않는다면 당신은 그들이 당신을 좋아하지 않는다고 생각하나요?

내담자: 예.

치료자: 이 반응에 대한 다른 가능성은 없나요?

내담자: 상상하기도 어려운데요.

치료자: 다른 사람들이 수줍어하는 경우는 없을까요?

내담자: 당신은 그렇게 생각하세요?

치료자와 F는 신뢰할 수 있는 단서는 어떤 것인지, 모호한 것은 무엇이고 신뢰할 수 없는 단서는 무엇인지에 대한 윤곽을 그려나갔다. 앞서 소개한 대화 내용은 사회적 상황에서 다른 사람들이 어떻게 반응하는지에 대한 정보의 부족과 다른 사람들이 어떻게 생각하고 있는지를 그 자신이 안다거나 하는 등의 특유한 신념을 잘 묘사한다.

치료자는 내담자가 다른 사람들과 접촉할 수 있게 일련의 숙제를 설정하였다. 숙제는 낮에 식료품점이나 도서관 가기, 누군가에게 말 걸기 등을 포함하였는데, 나중에 그는 다른 사람에게 함께 저녁을 먹자고 말했다. 치료의 전 과정에 걸쳐서 비록 부적절한 자동적 사고를 계속 표현하긴 했지만 F는 보다 사회적으로 적절하게 적응해나갔다.

F를 돕는 데 있어서의 어려움은 직업을 얻는 것이었다. 그는 자신이 원했던 직업을 얻기 위한 경험과 교육이 부족했고, 실직 기간이 너무 길었다. 매우 긴 노력 끝에 F는 헌책방에서 아르바이트 일을 얻었다. 그는 여전히 고객에게 불안함을 느꼈지만 일에는 흥미를 느꼈다. F는 매주마다 치료를 계속하였다. 기술을 학습해서 상대적으로 단기간에 자신의 것으로 적용할 수 있는 많은 환자와는 달리, F는 매주 치료 회기를 통해 계속 연습해야 했다.

분열형 성격장애 환자와 치료자의 처음 문제는 치료 계획에 대한 동의를 얻는 것이다. 치료자가 환자와 좋은 관계로 발전함으로써 환자는 역기능적인 패턴을 자발적으로 고백하게 된다. 환자가 행동이나 신념의 변화에 가치를 두는 것에 동의한다 할지라도, 치료자는 환자가 제시된 숙제를 하지 않음을 발견하게 될 수도 있다.

분열형 성격장애를 지닌 사람들은 종종 치료에 결석하며, 환상에 의지하는 생활을 계속해나갈 수도 있다. 이를 방지하기 위해 치료자는 치료 초기에 회기의 빈도를 증가시키거나 환자에게 매일 전화를 할 수 있다. 약속이나 과제는 관리할 수 있는 단위로 작게 쪼개서 분열형 성격장애 환자가 기꺼이 그것을 수행하고 성공적인 경험을 가질 수 있게 해주어야 한다.

또 다른 치료자 문제는 이러한 환자에게서 드러나는 특유의 행동, 언어 그리고 정서에 관한 것이다. 왜냐하면 그들은 종종 치료 회기에서 말하는 것을 어려워할 수 있고, 혹은 치료가 매우 느리게 진행될 수도 있기 때문이다. 이를 위해 치료자는 목표를 감소시켜야 하고 전통적인 인지치료 기법을 수정해야만 한다.

분열형 성격장애 환자들은 종종 일상적이지 않은 방식으로 치료자의 행동을 해석한다. 따라서 치료자는 환자의 정서 변화와 부적절한 행동에 대비해야 하고 그것과 관련된 사고를 밝혀야만 한다. 고립된 현실 속에서 환자에게는 치료자가 유일한 접촉 대상 가운데 하나이기 때문에 치료자와 깊은 애착 관계로 발전할 수도 있다. 이로 인해 치료자와의 사회적 접촉에서 부적절한 사고가 일어날 수도 있다. 물론 이때 치료자는 치료적 관계의 한계성을 유지하면서 이러한 사고를 친절하게 탐색해야만 한다.

치료자가 분열형 성격장애 환자를 치료할 때는 너무 이상적이거나 과도한 목표를 세우는 대신, 그야말로 '현실적인' 치료 목표를 설정하는 것이 치료의 진행을 보다 순조롭게 만들 수 있다. 이런 장애를 지닌 많은 사람은 치료를 통해 자신의 부적절한 행동과 사고의 많은 부분을 통제할 수 있게 될 것이며, 삶에서 보다 많은 성취를 얻을 수 있을 것이다. ◆

참고문헌

권석만(2004). 젊은이를 위한 인간관계의 심리학. 서울: 학지사.
원호택(2006). 이상심리학. 서울: 법문사.

American Psychiatric Association (2013). *Diagnostic and statistical manual of mental disorders* (5th ed.). Washington, DC: Author.

American Psychiatric Association (1994). *Diagnostic and statistical manual of mental disorders* (4th ed.). Washington, DC: Author.

Beck, A. T., & Freeman, A. F. (1990). *Cognitive therapy of personality disorders.* New York: Guilford.

Dowson, J. H., & Grounds, A. (1995). *Personality disorders: Recognition and clinical management.* New York: Cambridge University.

Miilon, T., & Davis, R. D. (1996). *Disorders of personality: DSM-IV and beyond.* New York: John Wiley & Sons.

Millon, T., & Everly, G. S. (1985). *Personality and its disorders: A biosocial learning approach.* New York: John Wiley & Sons.

Morey, L. (1985). An empirical comparison of interpersonal and DSM-III approaches to the classification of personality disorders. *Psychiatry, 48,* 358-364.

찾아보기

《인 명》

《내 용》

◎ 저자 소개

조성호(Seongho Cho)
서울대학교 심리학과를 졸업하고, 동 대학원에서 박사학위(상담심리학 전공)를 받았으며, 상담심리전문가(상담심리사 1급) 자격을 취득하였다. 현재 가톨릭대학교 심리학과 교수로 재직 중이며, 대법원(법원행정처) 전문심리위원으로도 활동하고 있다. 동 대학교 학생생활상담센터장, 한국상담심리학회 부회장, 전국학생생활상담센터협의회장, 여성가족부 정책자문위원 등을 역임하였다. 주요 저서는 『분열성 성격장애와 분열형 성격장애』 『상담심리학의 기초』(공저), 『상담의 연구방법』(공저), 『청소년 위기상담』(공저) 등이 있고, 주요 역서로는 『긍정심리평가 모델과 측정』(공역) 등이 있다.

ABNORMAL PSYCHOLOGY 26

분열성 성격장애와 분열형 성격장애 사회속의 외딴 섬

Schizoid Personality Disorder & Schizotypal Personality Disorder

2016년 7월 30일 2판 1쇄 발행
2023년 8월 10일 2판 3쇄 발행

지은이 • 조 성 호

펴낸이 • 김 진 환

펴낸곳 • ㈜ 학지사

04031 서울특별시 마포구 양화로 15길 20 마인드월드빌딩 5층

대표전화 • 02) 330-5114   팩스 • 02) 324-2345

등록번호 • 제313-2006-000265호

홈페이지 • http://www.hakjisa.co.kr
인스타그램 • https://www.instagram.com/hakjisabook/

ISBN 978-89-997-1026-1 94180
ISBN 978-89-997-1000-1 (set)

정가 9,500원

출판미디어기업 학지사

간호보건의학출판 학지사메디컬 www.hakjisamd.co.kr
심리검사연구소 인싸이트 www.inpsyt.co.kr
학술논문서비스 뉴논문 www.newnonmun.com
원격교육연수원 카운피아 www.counpia.com